Die Texte, ausgenommen „Der gestiefelte Kater" (1812),
wurden der Gesamtausgabe der Kinder- und Hausmärchen,
gesammelt durch die Brüder Grimm,
nach der 7. Auflage 1857 entnommen und
in die neue deutsche Rechtschreibung übertragen.

© 2013 Esslinger Verlag J. F. Schreiber
Postfach 10 03 25, 73703 Esslingen
www.esslinger-verlag.de
Alle Rechte vorbehalten
ISBN 978-3-480-23124-9

Märchen von den Brüdern Grimm

esslinger

Inhalt

* Plattdeutsches Wort für „Schneeweißchen"

Die Gänsemagd

Es lebte einmal eine alte Königin, der war ihr Gemahl schon lange Jahre gestorben und sie hatte eine schöne Tochter. Wie die erwuchs, wurde sie weit über Feld an einen Königssohn versprochen. Als nun die Zeit kam, wo sie vermählt werden sollten und das Kind in das fremde Reich abreisen musste, packte ihr die Alte gar viel köstliches Gerät und Geschmeide ein: Gold und Silber, Becher und Kleinode, kurz alles, was zu einem königlichen Brautschatz gehörte, denn sie hatte ihr Kind von Herzen lieb. Auch gab sie ihr

eine Kammerjungfer bei, welche mit-
reiten und die Braut in die Hände des
Bräutigams überliefern sollte und jede
bekam ein Pferd zur Reise, aber das
Pferd der Königstochter hieß Falada
und konnte sprechen.

Wie nun die Abschiedsstunde da war,
begab sich die alte Mutter in ihre
Schlafkammer, nahm ein Messerlein
und schnitt damit in ihre Finger, dass
sie bluteten. Darauf hielt sie ein weißes
Läppchen unter, ließ drei Tropfen Blut

hineinfallen, gab sie der Tochter und
sprach: „Liebes Kind, verwahre sie
wohl, sie werden dir unterwegs not-
tun."

Also nahmen sie beide voneinander
betrübten Abschied. Das Läppchen
steckte die Königstochter in ihren
Busen vor sich, setzte sich aufs Pferd
und zog nun fort zu ihrem Bräutigam.

Da sie eine Stunde geritten waren,
empfand sie heißen Durst und sprach
zu ihrer Kammerjungfer: „Steig ab und
schöpfe mir mit meinem Becher, den du
für mich mitgenommen hast, Wasser
aus dem Bache, ich möchte gern einmal
trinken."

„Wenn Ihr Durst habt", sprach die
Kammerjungfer, „so steigt selber ab,
legt Euch ans Wasser und trinkt, ich
mag Eure Magd nicht sein."

Da stieg die Königstochter vor großem
Durst herunter, neigte sich über das
Wasser im Bach und trank und durfte
nicht aus dem goldenen Becher trinken.
Da sprach sie: „Ach Gott!", da antworteten die drei Blutstropfen: „Wenn das
deine Mutter wüsste, das Herz im Leibe
tät ihr zerspringen."

Aber die Königsbraut war demütig,
sagte nichts und stieg wieder zu Pferd.
So ritten sie etliche Meilen weiter fort,

aber der Tag war warm, die Sonne stach und sie durstete bald von Neuem. Da sie nun an einen Wasserfluss kamen, rief sie noch einmal ihrer Kammerjungfer: „Steig ab und gib mir aus meinem Goldbecher zu trinken", denn sie hatte alle bösen Worte längst vergessen.

Die Kammerjungfer sprach aber noch hochmütiger: „Wollt Ihr trinken, so trinkt allein, ich mag nicht Eure Magd sein."

Da stieg die Königstochter hernieder vor großem Durst, legte sich über das fließende Wasser, weinte und sprach: „Ach Gott!", und die Blutstropfen antworteten wiederum: „Wenn das deine Mutter wüsste, das Herz im Leibe tät ihr zerspringen."

Und wie sie so trank und sich recht überlehnte, fiel ihr das Läppchen, worin die drei Tropfen waren, aus dem Busen und floss mit dem Wasser fort,

11

ohne dass sie es in ihrer großen Angst merkte.

Die Kammerjungfer hatte aber zugesehen und freute sich, dass sie Gewalt über die Braut bekäme. Denn damit, dass diese die Blutstropfen verloren hatte, war sie schwach und machtlos geworden.

Als sie nun wieder auf ihr Pferd steigen wollte, das da hieß Falada, sagte die Kammerfrau: „Auf Falada gehör ich und auf meinen Gaul gehörst du", und das musste sie sich gefallen lassen.

Dann befahl ihr die Kammerfrau mit harten Worten, die königlichen Kleider auszuziehen und ihre schlechten anzulegen und endlich musste sie sich unter

freiem Himmel verschwören, dass sie am königlichen Hof keinem Menschen etwas davon sprechen wollte und wenn sie diesen Eid nicht abgelegt hätte, wäre sie auf der Stelle umgebracht worden. Aber Falada sah das alles an und nahm's wohl in acht.

Die Kammerfrau stieg nun auf Falada und die wahre Braut auf das schlechte Ross und so zogen sie weiter, bis sie endlich in dem königlichen Schloss eintrafen.

Da war große Freude über ihre Ankunft und der Königssohn sprang ihnen entgegen, hob die Kammerfrau vom Pferde und meinte, sie wäre seine Gemahlin. Sie ward die Treppe hinaufgeführt, die wahre Königstochter aber musste unten stehenbleiben.

Da schaute der alte König am Fenster und sah sie im Hof halten und sah, wie sie fein war, zart und gar schön. Er ging alsbald hin ins königliche Gemach und fragte die Braut nach der, die sie bei sich hätte und da unten im Hofe stände und wer sie wäre. „Die hab ich mir unterwegs mitgenommen zur Gesell-

schaft. Gebt der Magd was zu arbeiten, dass sie nicht müßig steht."

Aber der alte König hatte keine Arbeit für sie und wusste nichts, als dass er sagte: „Da hab ich so einen kleinen Jun-

gen, der hütet die Gänse, dem mag sie helfen."

Der Junge hieß Kürdchen, dem musste die wahre Braut helfen, Gänse zu hüten. Bald aber sprach die falsche Braut zu dem jungen König: „Liebster Gemahl, ich bitte Euch, tut mir einen Gefallen."

Er antwortete: „Das will ich gerne tun."

„Nun, so lasst den Schinder rufen und da dem Pferde, worauf ich hergeritten bin, den Hals abhauen, weil es mich unterwegs geärgert hat."

Eigentlich aber fürchtete sie, dass das Pferd sprechen möchte, wie sie mit der

Königstochter umgegangen war. Nun war das so weit geraten, dass es geschehen und der treue Falada sterben sollte. Da kam es auch der rechten Königstochter zu Ohr und sie versprach dem Schinder heimlich ein Stück Geld, das sie ihm bezahlen wollte, wenn er ihr einen kleinen Dienst erwiese. In der Stadt war ein großes, finsteres Tor, wo sie abends und morgens mit den Gänsen durch musste. Unter das finstere Tor möchte er dem Falada seinen Kopf hinnageln, dass sie ihn doch noch mehr als einmal sehen könnte.

Also versprach das der Schinderknecht zu tun, hieb den Kopf ab und nagelte ihn unter dem finsteren Tor fest.

Des Morgens früh, da sie und Kürdchen unterm Tor hinaustrieben, sprach sie im Vorbeigehen: „O du Falada, da du hangest."

Da antwortete der Kopf: „O du Jungfer Königin, da du gangest, wenn das
deine Mutter wüsste, ihr Herz tät zerspringen."

Da zogen sie still weiter zur Stadt hinaus und sie trieben die Gänse aufs Feld.
Und wenn sie auf der Wiese angekom-
men war, saß sie nieder und machte
ihre Haare auf, die waren eitel Gold
und Kürdchen sah sie und freute sich,
wie sie glänzten und wollte ihr ein paar
ausraufen. Da sprach sie:

„Weh, weh, Windchen,
nimm Kürdchen sein Hütchen,
und lass'n sich mit jagen,
bis ich mich geflochten
und geschnatzt
und wieder aufgesatzt."

Und da kam ein so starker Wind, dass er
dem Kürdchen sein Hütchen wegwehte
über alle Land und es musste ihm nachlaufen. Bis es wieder kam, war sie mit
dem Kämmen und Aufsetzen fertig und
er konnte keine Haare kriegen.

Da war Kürdchen bös und sprach nicht
mit ihr und so hüteten sie die Gänse,
bis dass es Abend ward, dann gingen sie
nach Haus.

Den andern Morgen, wie sie unter dem
finsteren Tor hinaustrieben, sprach die
Jungfrau: „O du Falada, da du hangest."

Da antwortete der Kopf: „O du Jungfer Königin, da du gangest, wenn das
deine Mutter wüsste, das Herz tät ihr
zerspringen."

Und in dem Feld setzte sie sich wieder auf die Wiese und fing an, ihr Haar
auszukämmen und Kürdchen lief und
wollte danach greifen, da sprach sie
schnell:

„Weh, weh, Windchen,
nimm Kürdchen sein Hütchen,
und lass'n sich mit jagen,
bis ich mich geflochten
und geschnatzt
und wieder aufgesatzt."

Da wehte der Wind und wehte ihm
das Hütchen vom Kopf weit weg, dass
Kürdchen nachlaufen musste und als es
wieder kam, hatte sie längst ihr Haar
zurecht und es konnte keins davon er-
wischen. Und so hüteten sie die Gänse,
bis es Abend ward.

Abends aber, nachdem sie heimgekommen waren, ging Kürdchen vor
den alten König und sagte: „Mit dem
Mädchen will ich nicht länger Gänse
hüten."

„Warum denn?", fragte der alte König.

„Ei, das ärgert mich den ganzen Tag."

Da befahl ihm der alte König zu erzählen, wie's ihm denn mit ihr ginge.

Da sagte Kürdchen: „Morgens, wenn wir unter dem finstern Tor mit der Herde durchkommen, so ist da ein Gaulskopf an der Wand, zu dem redet sie: Falada, da du hangest, da antwortet der Kopf: O du Königsjungfer, da du gangest, wenn das deine Mutter wüsste, das Herz tät ihr zerspringen."

Und so erzählte Kürdchen weiter, was auf der Gänsewiese geschähe und wie es da dem Hute im Winde nachlaufen müsste. Der alte König befahl ihm, den nächsten Tag wieder hinauszutreiben

und er selbst, wie es Morgen war, setzte sich hinter das finstere Tor und hörte da, wie sie mit dem Haupt des Falada sprach und dann ging er ihr auch nach in das Feld und barg sich in einem Busch auf der Wiese.

Da sah er nun bald mit seinen eigenen Augen, wie die Gänsemagd und der Gänsejunge die Herde getrieben brachten und wie nach einer Weile sie sich setzte und ihre Haare losflocht, die strahlten von Glanz. Gleich sprach sie wieder:

„Weh, weh, Windchen,
nimm Kürdchen sein Hütchen,
und lass'n sich mit jagen,
bis ich mich geflochten
und geschnatzt
und wieder aufgesatzt."

Da kam ein Windstoß und fuhr mit Kürdchens Hut weg, dass es weit zu laufen hatte und die Magd kämmte und flocht ihre Locken still fort, welches der alte König alles beobachtete.

Darauf ging er unbemerkt zurück und als abends die Gänsemagd heimkam, rief er sie beiseite und fragte, warum sie dem allem so täte?

„Das darf ich Euch nicht sagen und darf auch keinem Menschen mein Leid klagen, denn so hab ich mich unter freiem Himmel verschworen, weil ich sonst um mein Leben gekommen wäre."

Er drang in sie und ließ ihr keinen Frieden, aber er konnte nichts aus ihr herausbringen.

Da sprach er: „Wenn du mir nichts sagen willst, so klag' dem Eisenofen da dein Leid", und ging fort.

Da kroch sie in den Eisenofen, fing an zu jammern und zu weinen, schüttete ihr Herz aus und sprach: „Da sitze ich nun von aller Welt verlassen und bin doch eine Königstochter und eine falsche

Kammerjungfer hat mich mit Gewalt dahin gebracht, dass ich meine königlichen Kleider habe ablegen müssen und hat meinen Platz bei meinem Bräutigam eingenommen und ich muss als Gänse-

magd gemeine Dienste tun. Wenn das
meine Mutter wüsste, das Herz im
Leibe tät ihr zerspringen."

Der alte König stand aber außen an der
Ofenröhre, lauerte ihr zu und hörte,
was sie sprach. Da kam er wieder herein und hieß sie aus dem Ofen gehen.
Da wurden ihr königliche Kleider ange-

tan und es schien ein Wunder, wie sie
so schön war. Der alte König rief seinen
Sohn und offenbarte ihm, dass er die
falsche Braut hätte. Die wäre bloß ein
Kammermädchen, die wahre aber stände hier als die gewesene Gänsemagd.
Der junge König war herzensfroh, als
er ihre Schöheit und Tugend erblickte

und ein großes Mahl wurde angestellt, zu dem alle Leute und guten Freunde gebeten wurden. Obenan saß der Bräutigam, die Königstochter zur einen Seite und die Kammerjungfer zur anderen, aber die Kammerjungfer war verblendet und erkannte jene nicht mehr in dem glänzenden Schmuck.

Als sie nun gegessen und getrunken hatten und guten Muts waren, gab der alte König der Kammerfrau ein Rätsel auf, was eine solche wert wäre, die den Herrn so und so betrogen hätte, erzählte damit den ganzen Verlauf und fragte: „Welches Urteils ist diese würdig?"

Da sprach die falsche Braut: „Die ist nichts Besseres wert, als dass sie splitternackt ausgezogen und in ein Fass gesteckt wird, das inwendig mit spitzen Nägeln beschlagen ist und zwei weiße Pferde müssen vorgespannt werden, die sie Gasse auf Gasse ab zu Tode schleifen."

„Das bist du", sprach der alte König, „und hast dein eigen Urteil gefunden und danach soll dir widerfahren."

Und als das Urteil vollzogen war, vermählte sich der junge König mit seiner rechten Gemahlin und beide beherrschten ihr Reich in Frieden und Seligkeit.

Die goldene Gans

Es war ein Mann, der hatte drei Söhne, davon hieß der jüngste Dummling und wurde verachtet und verspottet und bei jeder Gelegenheit zurückgesetzt.

Es geschah, dass der älteste in den Wald gehen wollte, Holz hauen und ehe er ging, gab ihm noch seine Mutter einen schönen, feinen Eierkuchen und eine Flasche Wein mit, damit er nicht Hunger und Durst litte.

Als er in den Wald kam, begegnete ihm ein altes, graues Männlein, das bot ihm einen guten Tag und sprach: „Gib mir doch ein Stück Kuchen aus deiner Tasche und lass mich einen Schluck von deinem Wein trinken, ich bin so hungrig und durstig."

Der kluge Sohn aber antwortete: „Geb ich dir meinen Kuchen und meinen Wein, so hab ich selber nichts, pack dich deiner Wege", ließ das Männlein stehen und ging fort.

Als er nun anfing, einen Baum zu behauen, dauerte es nicht lange, so hieb er fehl und die Axt fuhr ihm in den Arm, dass er musste heimgehen und sich verbinden lassen. Das war aber von dem grauen Männchen gekommen.

Darauf ging der zweite Sohn in den Wald und die Mutter gab ihm, wie dem ältesten, einen dicken Eierkuchen und eine Flasche Wein.

Dem begegnete gleichfalls das alte, graue Männchen und hielt um ein Stückchen Kuchen und einen Trunk Wein an. Aber der zweite Sohn sprach auch ganz verständig: „Was ich dir gebe, das geht mir selber ab, pack dich deiner Wege", ließ das Männlein stehen und ging fort.

Die Strafe blieb nicht aus: Als er ein paar Hiebe am Baum getan, hieb er sich ins Bein, dass er musste nach Haus getragen werden.

Da sagte der Dummling: „Vater, lass mich einmal hinausgehen und Holz hauen."

Antwortete der Vater: „Deine Brüder haben sich Schaden dabei getan, lass dich davon, du verstehst nichts davon."

Der Dummling aber bat so lange, bis er endlich sagte: „Geh nur hin, durch Schaden wirst du klug werden."

Die Mutter gab ihm einen Kuchen, der war mit Wasser in der Asche gebacken und dazu eine Flasche saures Bier.

Als er in den Wald kam, begegnete ihm gleichfalls das alte, graue Männchen, grüßte ihn und sprach: „Gib mir ein Stück von deinem Kuchen und einen Trunk aus deiner Flasche, ich bin so hungrig und durstig."

Antwortete der Dummling: „Ich habe aber nur Aschenkuchen und saures Bier. Wenn dir das recht ist, so wollen wir uns setzen und essen."

Da setzten sie sich und als der Dummling seinen Aschenkuchen herausholte,

so war's ein feiner Eierkuchen und das saure Bier war ein guter Wein. Nun aßen und tranken sie und danach sprach das Männlein: „Weil du ein gutes Herz hast und von dem Deinigen gerne mitteilst, so will ich dir Glück bescheren. Dort steht ein alter Baum, den hau ab, so wirst du in den Wurzeln etwas finden."

Darauf nahm das Männlein Abschied. Der Dummling ging hin und hieb den Baum um und wie er fiel, saß in den

Wurzeln eine Gans, die hatte Federn von reinem Gold. Er hob sie heraus, nahm sie mit sich und ging in ein Wirtshaus, da wollte er übernachten.

Der Wirt hatte aber drei Töchter, die sahen die Gans, waren neugierig, was das für ein wunderlicher Vogel wäre, und hätten gar gern eine von seinen goldenen Federn gehabt.

Die älteste dachte: Es wird sich schon eine Gelegenheit finden, wo ich mir eine Feder ausziehen kann und als der Dummling einmal hinausgegangen war, fasste sie die Gans beim Flügel, aber Finger und Hand blieben ihr daran festhängen.

Bald danach kam die zweite und hatte keinen anderen Gedanken, als sich eine goldene Feder zu holen. Kaum aber hatte sie ihre Schwester angerührt, so blieb sie festhängen. Endlich kam auch die dritte in gleicher Absicht, da schrien die andern: „Bleib weg, um Himmels willen, bleib weg."

Aber sie begriff nicht, warum sie wegbleiben sollte, dachte: „Sind die dabei, so kann ich auch dabei sein" und sprang herzu und wie sie ihre Schwester angerührt hatte, so blieb sie an ihr hängen. So mussten sie die Nacht bei der Gans zubringen.

Am anderen Morgen nahm der Dummling die Gans in den Arm, ging fort und
bekümmerte sich nicht um die drei
Mädchen, die daran hingen. Sie mussten immer hinter ihm drein laufen, links
und rechts, wie's ihm in die Beine kam.
Mitten auf dem Felde begegnete ihnen
der Pfarrer und als er den Aufzug sah,
sprach er: „Schämt euch, ihr garstigen

Mädchen, was lauft ihr dem jungen
Burschen durchs Feld nach, schickt sich
das?" Damit fasste er die jüngste an die
Hand und wollte sie zurückziehen. Wie
er sie aber anrührte, blieb er gleichfalls
hängen und musste selber hinterdrein
laufen.
Nicht lange, so kam der Küster daher und
sah den Herrn Pfarrer, der drei Mädchen

auf dem Fuße folgte. Da verwunderte er sich und rief: „Ei, Herr Pfarrer, wo hinaus so geschwind? Vergesst nicht, dass wir heute noch eine Kindtaufe haben", lief auf ihn zu und fasste ihn am Ärmel, blieb aber auch festhängen. Wie die fünf so hintereinander hertrabten, kamen zwei Bauern mit ihren Hacken vom Feld.

Da rief der Pfarrer sie an und bat, sie möchten ihn und den Küster losmachen. Kaum aber hatten sie den Küster angerührt, so blieben sie hängen

und waren ihrer nun siebene, die dem Dummling mit der Gans nachliefen.

Er kam darauf in eine Stadt, da herrschte ein König, der hatte eine Tochter, die war so ernsthaft, dass sie niemand zum Lachen bringen konnte. Darum hatte er ein Gesetz gegeben, wer sie könnte zum Lachen bringen, der sollte sie heiraten. Der Dummling, als er das hörte, ging mit seiner Gans und ihrem Anhang vor die Königstochter und als diese die sieben Menschen immer hintereinander herlaufen sah, fing sie überlaut an zu lachen und wollte gar nicht wieder aufhören. Da verlangte sie der Dummling zur Braut, aber dem König gefiel der Schwiegersohn nicht, er machte allerlei Einwendungen und sagte, er müsste ihm erst einen Mann bringen, der einen Keller voll Wein austrinken könnte. Der Dummling dachte an das graue Männchen, das könnte ihm wohl helfen, ging hinaus in den Wald und auf der Stelle, wo er den Baum abgehauen hatte, sah er einen Mann sitzen, der machte ein gar betrübtes Gesicht. Der Dummling fragte, was er sich so sehr zu Herzen nähme.

Da antwortete er: „Ich habe so großen Durst und kann ihn nicht löschen. Das kalte Wasser vertrage ich nicht, ein Fass

Wein hab ich zwar ausgeleert, aber was ist ein Tropfen auf einem heißen Stein?" „Da kann ich dir helfen", sagte der Dummling, „komm nur mit mir, du sollst satt haben." Er führte ihn darauf in des Königs Keller und der Mann machte sich über die großen Fässer, trank und trank, dass ihm die Hüften weh taten und ehe ein Tag herum war, hatte er den ganzen Keller ausgetrunken.

Der Dummling verlangte abermals seine Braut, der König aber ärgerte sich, dass ein schlechter Bursch, den jedermann einen Dummling nannte, seine Tochter davontragen sollte und machte neue Bedingungen: Er müsste erst einen Mann schaffen, der einen Berg voll Brot aufessen könnte.
Der Dummling besann sich nicht lange, sondern ging gleich hinaus in den Wald. Da saß auf demselben Platz ein Mann,

der schnürte sich den Leib mit einem Riemen zusammen, machte ein grämliches Gesicht und sagte: „Ich habe einen ganzen Backofen voll Raspelbrot gegessen, aber was hilft das, wenn man so großen Hunger hat wie ich? Mein Magen bleibt leer und ich muss mich nur zuschnüren, wenn ich nicht Hungers sterben soll."

Der Dummling war froh darüber und sprach: „Mach dich auf und geh mit mir, du sollst dich satt essen."

Er führte ihn an den Hof des Königs, der hatte alles Mehl aus dem ganzen Reich zusammenfahren und einen ungeheuern Berg davon backen lassen. Der Mann aber aus dem Walde stellte sich davor, fing an zu essen und in einem Tag war der ganze Berg verschwunden. Der Dummling forderte zum dritten Mal seine Braut, der König aber suchte noch einmal Ausflucht und verlange ein Schiff, das zu Land und zu Wasser fahren könnte: „Sowie du aber damit angesegelt kommst", sage er, „so sollst du gleich meine Tochter zur Gemahlin haben."

Der Dummling ging gerades Weges in den Wald. Da saß das alte, graue Männchen, dem er seinen Kuchen gegeben hatte, und sagte: „Ich habe für dich getrunken und gegessen, ich will dir auch das Schiff geben. Das alles tu ich, weil du barmherzig gegen mich gewesen bist." Da gab er ihm das Schiff, das zu Land und zu Wasser fuhr und als der König das sah, konnte er ihm seine Tochter nicht länger vorenthalten. Die Hochzeit ward gefeiert, nach des Königs Tod erbte der Dummling das Reich und lebte lange Zeit vergnügt mit seiner Gemahlin.

Die zwölf Jäger

Es war einmal ein Königssohn, der hatte eine Braut und hatte sie sehr lieb. Als er nun bei ihr saß und ganz vergnügt war, da kam die Nachricht, dass sein Vater todkrank läge und ihn noch vor seinem Ende zu sehen verlangte.

Da sprach er zu seiner Liebsten: „Ich muss nun fort und muss dich verlassen. Da geb ich dir einen Ring zu meinem Andenken. Wenn ich König bin, komm ich wieder und hol dich heim." Da ritt er fort und als er bei seinem Vater anlang-

te, war dieser sterbenskrank und dem Tod nah. Er sprach zu ihm: „Liebster Sohn, ich habe dich vor meinem Ende noch einmal sehen wollen. Versprich mir, nach meinem Willen dich zu verheiraten", und nannte ihm eine gewisse Königstochter, die sollte seine Gemahlin werden. Der Sohn war so betrübt, dass er sich gar nicht bedachte, sondern sprach: „Ja, lieber Vater, was Euer Wille ist, soll geschehen", und darauf schloss der König die Augen und starb.

Als nun der Sohn zum König ausgerufen und die Trauerzeit verflossen war, musste er das Versprechen halten, das er seinem Vater gegeben hatte und ließ um die Königstochter werben und sie ward ihm auch zugesagt.

Das hörte seine erste Braut und grämte sich über die Untreue so sehr, dass sie fast verging.

Da sprach ihr Vater zu ihr: „Liebstes Kind, warum bist du so traurig? Was du dir wünschest, das sollst du haben."

Sie bedachte sich einen Augenblick, dann sprach sie: „Lieber Vater, ich wünsche mir elf Mädchen, von Angesicht, Gestalt und Wuchs mir völlig gleich."

Sprach der König: „Wenn's möglich ist, soll dein Wunsch erfüllt werden", und ließ in seinem ganzen Reich so lange suchen, bis elf Jungfrauen gefunden waren, seiner Tochter von Angesicht, Gestalt und Wuchs völlig gleich.

Als sie zu der Königstochter kamen, ließ diese zwölf Jägerkleider machen, eins wie das andere und die elf Jungfrauen mussten die Jägerkleider anziehen und sie selber zog das zwölfte an.

Darauf nahm sie Abschied von ihrem Vater und ritt mit ihnen fort an den Hof ihres ehemaligen Bräutigams, den sie so sehr liebte.

Da fragte sie an, ob er Jäger brauchte und ob er sie nicht alle zusammen in seinen Dienst nehmen wollte.

Der König sah sie an und erkannte sie nicht. Weil es aber so schöne Leute waren, sprach er, er wolle sie gerne nehmen. Da waren sie die zwölf Jäger des Königs.

Der König aber hatte einen Löwen, das war ein wunderliches Tier, denn er wusste alles Verborgene und Heimliche. Es trug sich zu, dass er eines Abends zum König sprach: „Du meinst, du hättest da zwölf Jäger?"

„Ja", sagte der König, „zwölf Jäger sind's."

Sprach der Löwe weiter: „Du irrst dich, das sind zwölf Mädchen."

Antwortete der König: „Das ist nimmermehr wahr, wie willst du mir das beweisen?"

„Oh, lass nur Erbsen in dein Vorzimmer streuen", antwortete der Löwe, „da wirst du's gleich sehen. Männer haben einen festen Tritt. Wenn die über Erbsen hingehen, regt sich keine, aber Mädchen, die trippeln und trappeln und schlurfen und die Erbsen rollen."

Dem König gefiel der Rat wohl und er ließ die Erbsen streuen. Es war aber ein Diener des Königs, der war den Jägern gut und wie er hörte, dass sie sollten auf die Probe gestellt werden, ging er hin und erzählte ihnen alles wieder und sprach: „Der Löwe will dem König weismachen, ihr wäret Mädchen."

Da dankte ihm die Königstochter und sprach hernach zu ihren Jungfrauen: „Tut euch Gewalt an und tretet fest auf die Erbsen."

Als nun der König am andern Morgen die zwölf Jäger zu sich rufen ließ und sie ins Vorzimmer kamen, wo die Erbsen lagen, so traten sie so fest darauf und hatten einen so sicheren, starken Gang, dass auch nicht eine rollte oder sich bewegte. Da gingen sie wieder fort und der König sprach zum Löwen: „Du hast mich belogen, sie gehen ja wie Männer."

Antwortete der Löwe: „Sie haben's gewusst, dass sie sollten auf die Probe gestellt werden und haben sich Gewalt angetan. Lass nur einmal zwölf Spinnräder ins Vorzimmer bringen, sie werden herzukommen und werden sich daran freuen und das tut kein Mann."

Dem König gefiel der Rat und er ließ die Spinnräder ins Vorzimmer stellen. Der Diener aber, der's redlich mit den Jägern meinte, ging hin und entdeckte ihnen den Anschlag.

Da sprach die Königstochter, als sie allein waren, zu ihren elf Mädchen:

„Tut euch Gewalt an und blickt euch nicht um nach den Spinnrädern."
Wie nun der König am andern Morgen seine zwölf Jäger rufen ließ, so kamen sie durch das Vorzimmer und sahen die Spinnräder gar nicht an.

Da sprach der König wiederum zum Löwen: „Du hast mich belogen, es sind Männer, denn sie haben die Spinnräder nicht angesehen."

Der Löwe antwortete: „Sie haben's gewusst, dass sie sollten auf die Probe

gestellt werden und haben sich Gewalt angetan."

Der König aber wollte dem Löwen nicht mehr glauben. Die zwölf Jäger folgten dem König beständig zur Jagd und er hatte sie je länger je lieber.

Nun geschah es, dass, als sie einmal auf der Jagd waren, Nachricht kam, die Braut des Königs wäre im Anzug. Wie die rechte Braut das hörte, tat's ihr so weh, dass es ihr fast das Herz abstieß und sie ohnmächtig auf die Erde fiel. Der König meinte, seinem lieben Jäger sei etwas begegnet, lief hinzu und wollte ihm helfen und zog ihm den Handschuh aus. Da erblickte er den Ring, den er seiner ersten Braut gegeben und als er ihr in das Gesicht sah, erkannte er sie. Da ward sein Herz so gerührt, dass er sie küsste und als sie die Augen aufschlug, sprach er: „Du bist mein und ich bin dein und kein Mensch auf der Welt kann das ändern."

Zu der andern Braut aber schickte er einen Boten und ließ sie bitten, in ihr Reich zurückzukehren, denn er habe schon eine Gemahlin und wer einen alten Schlüssel wiedergefunden habe, brauche den neuen nicht. Darauf ward die Hochzeit gefeiert und der Löwe kam wieder in Gnade, weil er doch die Wahrheit gesagt hatte.

Schneeweißchen und Rosenrot

Eine arme Witwe, die lebte einsam in einem Hüttchen und vor dem Hüttchen war ein Garten, darin standen zwei Rosenbäumchen, davon trug das eine weiße, das andere rote Rosen; und sie hatte zwei Kinder, die glichen den beiden Rosenbäumchen und das eine hieß Schneeweißchen, das andere Rosenrot. Sie waren aber so fromm und gut, so arbeitsam und unverdrossen, als je zwei Kinder auf der Welt gewesen sind: Schneeweißchen war nur stiller und sanfter als Rosenrot. Rosenrot sprang lieber in den Wiesen und Feldern umher, suchte Blumen und fing Sommervögel; Schneeweißchen aber saß daheim bei der Mutter, half ihr im Hauswesen oder las ihr vor, wenn nichts zu tun war. Die beiden Kinder hatten einander so lieb, dass sie sich immer an den Händen fassten, sooft sie zusammen ausgingen; und wenn Schneeweißchen sagte: „Wir wollen uns nicht verlassen", so antwortete Rosenrot: „Solange wir leben nicht", und die Mutter setzte hinzu: „Was das eine hat, soll's mit dem andern teilen."

Oft liefen sie im Walde allein umher und sammelten rote Beeren, aber kein Tier tat ihnen etwas zuleide, sondern sie kamen zutraulich herbei: Das Häschen fraß ein Kohlblatt aus ihren Händen, das Reh graste an ihrer Seite, der Hirsch sprang ganz lustig vorbei und die Vögel blieben auf den Ästen sitzen und sangen, was sie nur wussten. Kein Unfall traf sie: Wenn sie sich im Walde

verspätet hatten und die Nacht sie überfiel, so legten sie sich nebeneinander auf das Moos und schliefen, bis der Morgen kam, und die Mutter wusste das und hatte ihretwegen keine Sorge.

Einmal, als sie im Walde übernachtet hatten und das Morgenrot sie aufweckte, da sahen sie ein schönes Kind in einem weißen, glänzenden Kleidchen neben ihrem Lager sitzen. Es stand auf und blickte sie ganz freundlich an, sprach aber nichts und ging in den Wald hinein. Und als sie sich umsahen, so hatten sie ganz nahe bei einem Abgrunde geschlafen und wären gewiss hineingefallen, wenn sie in der Dunkelheit noch ein paar Schritte weitergegangen wären. Die Mutter aber sagte ihnen, das müsste der Engel gewesen sein, der gute Kinder bewache.

Schneeweißchen und Rosenrot hielten das Hüttchen der Mutter so reinlich, dass es eine Freude war, hineinzuschauen. Im Sommer besorgte Rosenrot das Haus und stellte der Mutter jeden Morgen, ehe sie aufwachte, einen Blumenstrauß vors Bett, darin war von jedem Bäumchen eine Rose. Im Winter zündete Schneeweißchen das Feuer an und hing den Kessel an den Feuerhaken und der Kessel war von Messing, glänzte aber wie Gold, so rein war er gescheuert.

Abends, wenn die Flocken fielen, sagte die Mutter: „Geh, Schneeweißchen, und schieb den Riegel vor", und dann setzten sie sich an den Herd und die Mutter nahm die Brille und las aus einem großen Buche vor und die beiden Mädchen hörten zu, saßen und spannen; neben ihnen lag ein Lämmchen auf dem Boden und hinter ihnen auf einer Stange saß ein weißes Täubchen und hatte seinen Kopf unter den Flügel gesteckt.

Eines Abends, als sie so vertraulich beisammensaßen, klopfte jemand an die Türe, als wollte er eingelassen sein. Die Mutter sprach: „Geschwind, Rosenrot, mach auf, es wird ein Wanderer sein, der Obdach sucht."

Rosenrot ging und schob den Riegel weg und dachte, es wäre ein armer Mann, aber der war es nicht, es war ein Bär, der seinen dicken schwarzen Kopf zur Türe hereinstreckte.

Rosenrot schrie laut und sprang zurück, das Lämmchen blökte, das Täubchen flatterte auf und Schneeweißchen versteckte sich hinter der Mutter Bett.

Der Bär aber fing an zu sprechen und sagte: „Fürchtet euch nicht, ich tue

euch nichts zuleid, ich bin halb erfroren und will mich nur ein wenig bei euch wärmen."

„Du armer Bär", sprach die Mutter, „leg dich ans Feuer und gib nur acht, dass dir dein Pelz nicht brennt." Dann rief sie: „Schneeweißchen, Rosenrot, kommt hervor, der Bär tut euch nichts, er meint's ehrlich." Da kamen sie beide heran und nach und nach näherten sich auch das Lämmchen und Täubchen und hatten keine Furcht vor ihm.

Der Bär sprach: „Ihr Kinder, klopft mir den Schnee ein wenig aus dem Pelz- werk", und sie holten den Besen und kehrten dem Bär das Fell rein; er aber streckte sich ans Feuer und brummte ganz vergnügt und behaglich.

Nicht lange, so wurden sie ganz ver- traut und trieben Mutwillen mit dem unbeholfenen Gast. Sie zausten ihm das Fell mit den Händen, setzten ihre Füß- chen auf seinen Rücken und walgerten ihn hin und her oder sie nahmen eine Haselrute und schlugen auf ihn los und wenn er brummte, so lachten sie.

Der Bär ließ sich's aber gerne gefallen, nur wenn sie's gar zu arg machten, rief er: „Lasst mich am Leben, ihr Kinder: Schneeweißchen, Rosenrot, schlägst dir den Freier tot."

Als Schlafenszeit war und die andern zu Bett gingen, sagte die Mutter zu dem Bär: „Du kannst in Gottes Namen da am Herde liegen bleiben, so bist du vor der Kälte und dem bösen Wetter geschützt."

Sobald der Tag graute, ließen ihn die beiden Kinder hinaus und er trabte über den Schnee in den Wald hinein.

Von nun an kam der Bär jeden Abend zu der bestimmten Stunde, legte sich an den Herd und erlaubte den Kindern, Kurzweil mit ihm zu treiben, so viel sie wollten; und sie waren so gewöhnt an ihn, dass die Türe nicht eher zugerie- gelt ward, als bis der schwarze Gesell angelangt war.

Als das Frühjahr herangekommen und draußen alles grün war, sagte der Bär eines Morgens zu Schneeweißchen: „Nun muss ich fort und darf den gan- zen Sommer nicht wiederkommen."

„Wo gehst du denn hin, lieber Bär?", fragte Schneeweißchen.

„Ich muss in den Wald und meine Schätze vor den bösen Zwergen hüten: Im Winter, wenn die Erde hart gefroren ist, müssen sie wohl unten bleiben und können sich nicht durcharbeiten, aber jetzt, wenn die Sonne die Erde aufge- taut und erwärmt hat, da brechen sie

durch, steigen herauf, suchen und stehlen. Was einmal in ihren Händen ist und in ihren Höhlen liegt, das kommt so leicht nicht wieder an des Tages Licht."

Schneeweißchen war ganz traurig über den Abschied und als es ihm die Türe aufriegelte und der Bär sich hinausdrängte, blieb er an dem Türhaken hängen und ein Stück seiner Haut riss auf und da war es Schneeweißchen, als hätte es Gold durchschimmern gesehen; aber es war seiner Sache nicht gewiss. Der Bär lief eilig fort und war bald hinter den Bäumen verschwunden.

Nach einiger Zeit schickte die Mutter die Kinder in den Wald, Reisig zu sam-

meln. Da fanden sie draußen einen großen Baum, der lag gefällt auf dem Boden und an dem Stamme sprang zwischen dem Gras etwas auf und ab, sie konnten aber nicht unterscheiden, was es war.

Als sie näher kamen, sahen sie einen Zwerg mit einem alten, verwelkten Gesicht und einem ellenlangen, schneeweißen Bart.

Das Ende des Bartes war in eine Spalte des Baums eingeklemmt und der Kleine sprang hin und her wie ein Hündchen an einem Seil und wusste nicht, wie er sich helfen sollte.

Er glotzte die Mädchen mit seinen roten feurigen Augen an und schrie:

„Was steht ihr da! Könnt ihr nicht herbeigehen und mir Beistand leisten?"

„Was hast du angefangen, kleines Männchen?", fragte Rosenrot.

„Dumme, neugierige Gans", antwortete der Zwerg, „den Baum habe ich mir spalten wollen, um kleines Holz in der Küche zu haben; bei den dicken Klötzen verbrennt gleich das bisschen Speise, das unsereiner braucht, der nicht so viel hinunterschlingt wie ihr grobes, gieriges Volk. Ich hatte den Keil schon glücklich hineingetrieben und es wäre alles nach Wunsch gegangen, aber das verwünschte Holz war zu glatt und sprang unversehens heraus und der Baum fuhr so geschwind zusammen, dass ich meinen schönen weißen Bart nicht mehr herausziehen konnte; nun steckt er drin und ich kann nicht fort.

Da lachen die albernen, glatten Milchgesichter! Pfui, was seid ihr garstig!"

Die Kinder gaben sich alle Mühe, aber sie konnten den Bart nicht herausziehen, er steckte zu fest.

„Ich will laufen und Leute herbeiholen", sagte Rosenrot.

„Wahnsinnige Schafsköpfe", schnarrte der Zwerg, „wer wird gleich Leute herbeirufen, ihr seid mir schon um zwei zu viel. Fällt euch nichts Besseres ein?"

„Sei nur nicht ungeduldig", sagte Schneeweißchen, „ich will schon Rat schaffen", holte sein Scherchen aus der Tasche und schnitt das Ende des Bartes ab.

Sobald der Zwerg sich frei fühlte, griff er nach einem Sack, der zwischen den Wurzeln des Baums steckte und mit Gold gefüllt war, hob ihn heraus und brummte vor sich hin: „Ungehobeltes Volk, schneidet mir ein Stück von meinem stolzen Barte ab! Lohn's euch der Kuckuck!"

Damit schwang er seinen Sack auf den Rücken und ging fort, ohne die Kinder nur noch einmal anzusehen.

Einige Zeit danach wollten Schneeweißchen und Rosenrot ein Gericht Fische angeln. Als sie nahe bei dem Bach waren, sahen sie, dass etwas wie eine große Heuschrecke nach dem Wasser zuhüpfte, als wollte es hineinspringen. Sie liefen heran und erkannten den Zwerg.

„Wo willst du hin?", sagte Rosenrot, „du willst doch nicht ins Wasser?"

„Solch ein Narr bin ich nicht", schrie der Zwerg, „seht ihr nicht, der verwünschte Fisch will mich hineinziehen?"

Der Kleine hatte dagesessen und geangelt und unglücklicherweise hatte der Wind seinen Bart mit der Angelschnur verflochten. Als gleich darauf ein großer Fisch anbiss, fehlten dem schwachen Geschöpf die Kräfte, ihn herauszuziehen: Der Fisch behielt die Oberhand und riss den Zwerg zu sich hin. Zwar hielt er sich an allen Halmen und Binsen, aber das half nicht viel, er musste den Bewegungen des Fisches folgen

und war in beständiger Gefahr, ins Wasser gezogen zu werden.

Die Mädchen kamen zu rechter Zeit, hielten ihn fest und versuchten, den Bart von der Schnur loszumachen, aber vergebens, Bart und Schnur waren fest ineinander verwirrt. Es blieb nichts übrig, als das Scherchen hervorzuholen und den Bart abzuschneiden, wobei ein kleiner Teil desselben verloren ging.

Als der Zwerg das sah, schrie er sie an: „Ist das Manier, ihr Lorche, einem das Gesicht zu schänden? Nicht genug, dass ihr mir den Bart unten abgestutzt habt, jetzt schneidet ihr mir den besten Teil davon ab: Ich darf mich vor den Meinigen gar nicht sehen lassen. Dass ihr laufen müsstet und die Schuhsohlen verloren hättet!"

Dann holte er einen Sack Perlen, der im Schilfe lag, und ohne ein Wort weiter zu sagen, schleppte er ihn fort und verschwand hinter einem Stein.

Es trug sich zu, dass bald hernach die Mutter die beiden Mädchen nach der Stadt schickte, Zwirn, Nadeln, Schnüre und Bänder einzukaufen. Der Weg führte sie über eine Heide, auf der hier und da mächtige Felsenstücke zerstreut lagen. Da sahen sie einen großen Vogel in der Luft schweben, der langsam

über ihnen kreiste, sich immer tiefer herabsenkte und endlich nicht weit bei einem Felsen niederstieß.

Gleich darauf hörten sie einen durchdringenden, jämmerlichen Schrei. Sie liefen herzu und sahen mit Schrecken, dass der Adler ihren alten Bekannten, den Zwerg, gepackt hatte und ihn forttragen wollte.

Die mitleidigen Kinder hielten gleich das Männchen fest und zerrten sich so lange mit dem Adler herum, bis er seine Beute fahren ließ.

Als der Zwerg sich von dem ersten Schrecken erholt hatte, schrie er mit seiner kreischenden Stimme: „Konntet ihr nicht säuberlicher mit mir umgehen? Gerissen habt ihr an meinem dünnen Röckchen, dass es überall zerfetzt und durchlöchert ist, unbeholfenes und täppisches Gesindel, das ihr seid!"

Dann nahm er einen Sack mit Edelsteinen und schlüpfte wieder unter den Felsen in seine Höhle. Die Mädchen waren an seinen Undank schon gewöhnt, setzten ihren Weg fort und verrichteten ihr Geschäft in der Stadt.

Als sie beim Heimweg wieder auf die Heide kamen, überraschten sie den Zwerg, der auf einem reinlichen Plätzchen seinen Sack mit Edelsteinen ausgeschüttet und nicht gedacht hatte, dass so spät noch jemand daherkommen würde. Die Abendsonne schien über die glänzenden Steine, sie schimmerten und leuchteten so prächtig in allen Farben, dass die Kinder stehen blieben und sie betrachteten.

Schlupfwinkel gelangen, der Bär war schon in seiner Nähe.

Da rief er in Herzensangst: „Lieber Herr Bär, verschont mich, ich will Euch alle meine Schätze geben, sehet, die schönen Edelsteine, die da liegen. Schenkt mir das Leben, was habt Ihr an mir kleinen, schmächtigen Kerl? Ihr spürt mich nicht zwischen den Zähnen. Da, packt die beiden gottlosen Mädchen, das sind für Euch zarte Bissen, fett wie junge Wachteln, die fresst in Gottes Namen."

Der Bär kümmerte sich um seine Worte nicht, gab dem boshaften Geschöpf einen einzigen Schlag mit der Tatze und es regte sich nicht mehr.

Die Mädchen waren fortgesprungen, aber der Bär rief ihnen nach: „Schneeweißchen und Rosenrot, fürchtet euch nicht, wartet, ich will mit euch gehen." Da erkannten sie seine Stimme und blieben stehen und als der Bär bei ihnen war, fiel plötzlich die Bärenhaut ab und er stand da als ein schöner Mann und war ganz in Gold gekleidet.

„Ich bin eines Königs Sohn", sprach er, „und war von dem gottlosen Zwerg, der mir meine Schätze gestohlen hatte, verwünscht, als ein wilder Bär in dem Walde zu laufen, bis ich durch seinen

„Was steht ihr da und habt Maulaffen feil?", schrie der Zwerg und sein aschgraues Gesicht ward zinnoberrot vor Zorn. Er wollte mit seinen Scheltworten fortfahren, als sich ein lautes Brummen hören ließ und ein schwarzer Bär aus dem Walde herbeitrabte.

Erschrocken sprang der Zwerg auf, aber er konnte nicht mehr zu seinem

Tod erlöst würde. Jetzt hat er seine wohlverdiente Strafe empfangen."
Schneeweißchen ward mit ihm vermählt und Rosenrot mit seinem Bruder und sie teilten die großen Schätze miteinander, die der Zwerg in seiner Höhle zusammengetragen hatte.

Die alte Mutter lebte noch lange Jahre ruhig und glücklich bei ihren Kindern. Die zwei Rosenbäumchen aber nahm sie mit und sie standen vor ihrem Fenster und trugen jedes Jahr die schönsten Rosen, weiß und rot.

Die Sterntaler

Es war einmal ein kleines Mädchen, dem war Vater und Mutter gestorben, und es war so arm, dass es kein Kämmerchen mehr hatte, darin zu wohnen, und kein Bettchen mehr, darin zu schlafen, und endlich gar nichts mehr als die Kleider auf dem Leib und ein Stückchen Brot in der Hand, das ihm ein mitleidiges Herz geschenkt hatte. Es war aber gut und fromm. Und weil es so von aller Welt verlassen war, ging es im Vertrauen auf den lieben Gott hinaus ins Feld. Da begegnete ihm ein armer Mann, der sprach: „Ach, gib mir etwas zu essen, ich bin so hungerig." Es reichte ihm das ganze Stückchen Brot und sagte: „Gott

55

segne dir's", und ging weiter. Da kam ein Kind, das jammerte und sprach: „Es friert mich so an meinem Kopfe, schenk mir etwas, womit ich ihn bedecken kann." Da tat es seine Mütze ab und gab sie ihm. Und als es noch eine Weile gegangen war, kam wieder ein Kind und hatte kein Leibchen an und fror: Da gab es ihm seins; und noch weiter, da bat eins um ein Röcklein, das gab es auch von sich hin.

Endlich gelangte es in einen Wald, und es war schon dunkel geworden, da kam noch eins und bat um ein Hemdlein, und das fromme Mädchen dachte: „Es ist dunkle Nacht, da sieht dich niemand, du kannst wohl dein Hemd weggeben", und zog das Hemd ab und gab es auch noch hin.

Und wie es so stand und gar nichts mehr hatte, fielen auf einmal die Sterne vom Himmel, und waren lauter harte blanke Taler; und ob es gleich sein Hemdlein weggegeben, so hatte es ein neues an, und das war vom allerfeinsten Linnen. Da sammelte es sich die Taler hinein und war reich für sein Lebtag.

Die Bremer Stadtmusikanten

Es hatte ein Mann einen Esel, der schon lange Jahre die Säcke unverdrossen zur Mühle getragen hatte, dessen Kräfte aber nun zu Ende gingen, sodass er zur Arbeit immer untauglicher ward.

Da dachte der Herr daran, ihn aus dem Futter zu schaffen, aber der Esel merkte, dass kein guter Wind wehte, lief fort und machte sich auf den Weg nach Bremen. Dort, meinte er, könne er ja Stadtmusikant werden.

Als er ein Weilchen fortgegangen war, fand er einen Jagdhund auf dem Wege liegen, der jappte wie einer, der sich müde gelaufen hatte. „Nun, was jappst du so, Packan?", fragte der Esel.

„Ach", sagte der Hund, „weil ich alt bin und jeden Tag schwächer werde, auch auf der Jagd nicht mehr fort kann, hat mich mein Herr wollen totschlagen. Da hab ich Reißaus genommen, aber womit soll ich nun mein Brot verdienen?"

„Weißt du was", sprach der Esel, „ich gehe nach Bremen und werde dort Stadtmusikant, geh mit und lass dich auch bei der Musik annehmen. Ich spiele die Laute und du schlägst die Pauken."

Der Hund war's zufrieden und sie gingen weiter. Es dauerte nicht lange, so saß da eine Katze an dem Weg und machte ein Gesicht wie drei Tage Regenwetter. „Nun, was ist dir in die Quere gekommen, alter Bartputzer?", sprach der Esel.

„Wer kann da lustig sein, wenn's einem an den Kragen geht?", antwortete die Katze. „Weil ich nun zu Jahren komme, meine Zähne stumpf werden und ich lieber hinter dem Ofen sitze und spinne, als nach Mäusen herumjage, hat mich meine Frau ersäufen wollen.

Ich habe mich zwar noch fortgemacht, aber nun ist guter Rat teuer: Wo soll ich hin?"

„Geh mit uns nach Bremen, du verstehst dich doch auf die Nachtmusik, da kannst du ein Stadtmusikant werden." Die Katze hielt das für gut und ging mit. Darauf kamen die drei Landesflüchtigen an einem Hof vorbei, da saß auf dem Tor der Haushahn und schrie aus Leibeskräften. „Du schreist einem durch Mark und Bein", sprach der Esel. „Was hast du vor?"

„Da hab ich gut Wetter prophezeit", sprach der Hahn, „weil unserer lieben Frauen Tag ist, wo sie dem Christkindlein die Hemdchen gewaschen hat und sie trocknen will. Aber weil morgen zum Sonntag Gäste kommen, so hat die Hausfrau doch kein Erbarmen und hat der Köchin gesagt, sie wolle mich morgen in der Suppe essen und da soll ich mir heut Abend den Kopf abschneiden lassen. Nun schrei ich aus vollem Hals, solang ich noch kann."

„Ei was, du Rotkopf", sagte der Esel, „zieh lieber mit uns fort, wir gehen nach Bremen, etwas Besseres als den Tod findest du überall. Du hast eine gute Stimme und wenn wir zusammen musizieren, so muss es eine Art haben."

Der Hahn ließ sich den Vorschlag gefallen und sie gingen alle viere zusammen fort.

Sie konnten aber die Stadt Bremen in
einem Tag nicht erreichen und kamen
abends in einen Wald, wo sie übernachten wollten. Der Esel und der Hund
legten sich unter einen großen Baum,
die Katze und der Hahn machten sich
in die Äste, der Hahn aber flog bis in die
Spitze, wo es am sichersten für ihn war.
Ehe er einschlief, sah er sich noch einmal nach allen vier Winden um.

Da deuchte ihn, er sähe in der Ferne ein
Fünkchen brennen und er rief seinen
Gesellen zu, es müsste gar nicht weit
ein Haus sein, denn es scheine ein
Licht.

Sprach der Esel: „So müssen wir uns aufmachen und noch hingehen, denn hier ist die Herberge schlecht."

Der Hund meinte, ein paar Knochen und etwas Fleisch dran täten ihm auch gut. Also machten sie sich auf den Weg nach der Gegend, wo das Licht war und sahen es bald heller schimmern und es ward immer größer, bis sie vor ein hell erleuchtetes Räuberhaus kamen.

Der Esel, als der größte, näherte sich dem Fenster und schaute hinein.

„Was siehst du, Grauschimmel?", fragte der Hahn.

„Was ich sehe?", antwortete der Esel. „Einen gedeckten Tisch mit schönem Essen und Trinken und Räuber sitzen daran und lassen's sich wohl sein."

„Das wäre was für uns", sprach der Hahn.

„Ja, ja, ach wären wir da!", sagte der Esel. Da ratschlagten die Tiere, wie sie es anfangen müssten, um die Räuber hinauszujagen und fanden endlich ein Mittel. Der Esel musste sich mit den Vorderfüßen auf das Fenster stellen, der Hund auf des Esels Rücken springen, die Katze auf den Hund klettern und endlich flog der Hahn hinauf und setzte sich der Katze auf den Kopf. Wie das geschehen war, fingen sie auf ein

Zeichen insgesamt an, ihre Musik zu machen: Der Esel schrie, der Hund bellte, die Katze miaute und der Hahn krähte.Dann stürzten sie durch das Fenster in die Stube hinein, dass die Scheiben klirrten.

Die Räuber fuhren bei dem entsetzlichen Geschrei in die Höhe, meinten nicht anders, als ein Gespenst käme herein und flohen in größter Furcht in den Wald hinaus.

Nun setzten sich die vier Gesellen an den Tisch, nahmen mit dem vorlieb, was übrig geblieben war und aßen, als wenn sie vier Wochen hungern sollten. Wie die vier Spielleute fertig waren, löschten sie das Licht aus und suchten sich eine Schlafstätte, jeder nach seiner Natur und Bequemlichkeit. Der Esel legte sich auf den Mist, der Hund hin-

ter die Türe, die Katze auf den Herd bei der warmen Asche und der Hahn setzte sich auf den Hahnenbalken. Und weil sie müde waren von ihrem langen Weg, schliefen sie auch bald ein.

Als Mitternacht vorbei war und die Räuber von weitem sahen, dass kein Licht mehr im Haus brannte, auch alles ruhig schien, sprach der Hauptmann: „Wir

hätten uns doch nicht sollen ins Bocks-
horn jagen lassen", und hieß einen hingehen und das Haus untersuchen.

Der Abgeschickte fand alles still, ging in
die Küche, ein Licht anzuzünden und
weil er die glühenden, feurigen Augen
der Katze für lebendige Kohlen ansah,
hielt er ein Schwefelhölzchen daran,
dass es Feuer fangen sollte. Aber die

Katze verstand keinen Spaß, sprang ihm ins Gesicht, spie und kratzte. Da erschrak er gewaltig, lief und wollte zur Hintertüre hinaus. Aber der Hund, der da lag, sprang auf und biss ihn ins Bein. Und als er über den Hof an dem Miste vorbeirannte, gab ihm der Esel noch einen tüchtigen Schlag mit dem Hinterfuß.

Der Hahn aber, der vom Lärmen aus dem Schlaf geweckt und munter geworden war, rief vom Balken herab: „Kikeriki!"

Da lief der Räuber, was er konnte, zu seinem Hauptmann zurück und sprach: „Ach, in dem Haus sitzt eine gräuliche Hexe, die hat mich angehaucht und

mit ihren langen Fingern mir das Gesicht zerkratzt. Und vor der Türe steht ein Mann mit einem Messer, der hat mich ins Bein gestochen und auf dem Hof liegt ein schwarzes Ungetüm, das hat mit einer Holzkeule auf mich losgeschlagen und oben auf dem Dache, da sitzt der Richter, der rief ‚Bringt mir den Schelm her‘ – da machte ich, dass ich fortkam.“

Von nun an getrauten sich die Räuber nicht weiter in das Haus, den vier Bremer Musikanten gefiel's aber so wohl darin, dass sie nicht wieder heraus wollten. Und der das zuletzt erzählt hat, dem ist der Mund noch warm.

Hänsel und Gretel

Vor einem großen Walde wohnte ein armer Holzhacker mit seiner Frau und seinen zwei Kindern. Das Bübchen hieß Hänsel und das Mädchen Gretel. Er hatte wenig zu beißen und zu brechen und einmal, als große Teuerung ins Land kam, konnte er auch das tägliche Brot nicht mehr schaffen. Wie er sich nun abends im Bette Gedanken mach-te und sich vor Sorgen herumwälzte, seufzte er und sprach zu seiner Frau: „Was soll aus uns werden? Wie können wir unsere armen Kinder ernähren, da wir für uns selbst nichts mehr haben?" „Weißt du was, Mann", antwortete die Frau, „wir wollen morgen in aller Frühe die Kinder hinaus in den Wald führen, wo er am dicksten ist. Da machen wir ihnen ein Feuer an und geben jedem noch ein Stückchen Brot, dann gehen wir an unsere Arbeit und lassen sie allein. Sie finden den Weg nicht wieder nach Haus und wir sind sie los."

„Nein, Frau", sagte der Mann, „das tue ich nicht. Wie sollt ich's übers Herz bringen, meine Kinder im Walde allein zu lassen, die wilden Tiere würden bald kommen und sie zerreißen."

„Oh, du Narr", sagte sie, „dann müssen wir alle viere Hungers sterben, du kannst nur die Bretter für die Särge hobeln", und ließ ihm keine Ruhe, bis er einwilligte.

„Aber die armen Kinder dauern mich doch", sagte der Mann.

Die zwei Kinder hatten vor Hunger auch nicht einschlafen können und hatten gehört, was die Stiefmutter zum Vater gesagt hatte.

Gretel weinte bittere Tränen und sprach zu Hänsel: „Nun ist's um uns geschehen."

„Still, Gretel", sprach Hänsel, „gräme dich nicht, ich will uns schon helfen."

Und als die Alten eingeschlafen waren, stand er auf, zog sein Röcklein an, machte die Untertüre auf und schlich sich hinaus. Da schien der Mond ganz

helle und die weißen Kieselsteine, die vor dem Haus lagen, glänzten wie lauter Batzen. Hänsel bückte sich und steckte so viele in sein Rocktäschlein, als nur hinein wollten.

Dann ging er wieder zurück und sprach zu Gretel: „Sei getrost, liebes Schwesterchen und schlaf nur ruhig ein, Gott wird uns nicht verlassen", und legte sich wieder in sein Bett.

Als der Tag anbrach, noch ehe die Sonne aufgegangen war, kam schon die Frau und weckte die beiden Kinder: „Steht auf, ihr Faulenzer, wir wollen in den Wald gehen und Holz holen."

Dann gab sie jedem ein Stückchen Brot und sprach: „Da habt ihr etwas für den Mittag, aber esst's nicht vorher auf, weiter kriegt ihr nichts."

Gretel nahm das Brot unter die Schürze, weil Hänsel die Steine in der Tasche hatte. Danach machten sie sich alle zusammen auf den Weg nach dem Wald.

Als sie ein Weilchen gegangen waren, stand Hänsel still und guckte nach dem Haus zurück und tat das wieder und immer wieder.

Der Vater sprach: „Hänsel, was guckst du da und bleibst zurück, hab acht und vergiss deine Beine nicht."

„Ach, Vater", sagte Hänsel, „ich sehe nach meinem weißen Kätzchen, das sitzt oben auf dem Dach und will mir Ade sagen."

Die Frau sprach: „Narr, das ist dein Kätzchen nicht, das ist die Morgensonne, die auf den Schornstein scheint."

Hänsel aber hatte nicht nach dem Kätzchen gesehen, sondern immer einen von den blanken Kieselsteinen aus seiner Tasche auf den Weg geworfen.

Als sie mitten in den Wald gekommen waren, sprach der Vater: „Nun sammelt Holz, ihr Kinder, ich will ein Feuer anmachen, damit ihr nicht friert."

Hänsel und Gretel trugen Reisig zusammen, einen kleinen Berg hoch. Das Reisig ward angezündet und als die Flamme recht hoch brannte, sagte die Frau: „Nun legt euch ans Feuer, ihr Kinder, und ruht euch aus, wir gehen in den Wald und hauen Holz. Wenn wir fertig sind, kommen wir wieder und holen euch ab."

Hänsel und Gretel saßen am Feuer und als der Mittag kam, aß jedes sein Stücklein Brot. Und weil sie die Schläge der Holzaxt hörten, so glaubten sie, ihr Vater wäre in der Nähe. Es war aber nicht die Holzaxt, es war ein Ast, den er an einen dürren Baum gebunden hatte und den der Wind hin- und herschlug. Und als sie so lange gesessen hatten, fielen ihnen die Augen vor Müdigkeit zu und sie schliefen fest ein. Als sie endlich erwachten, war es schon finstere Nacht. Gretel fing an zu weinen und sprach: „Wie sollen wir nun aus dem Wald kommen!"

Hänsel aber tröstete sie: „Wart nur ein Weilchen, bis der Mond aufgegangen ist, dann wollen wir den Weg schon finden."

Und als der volle Mond aufgestiegen war, so nahm Hänsel sein Schwesterchen an der Hand und ging den Kieselsteinen nach, die schimmerten wie neu geschlagene Batzen und zeigten ihnen den Weg.

Sie gingen die ganze Nacht hindurch und kamen bei anbrechendem Tag wieder zu ihres Vaters Haus. Sie klopften an die Tür und als die Frau aufmachte und sah, dass es Hänsel und Gretel waren, sprach sie: „Ihr bösen Kinder, was habt ihr so lange im Walde geschlafen, wir haben geglaubt, ihr wolltet gar nicht wiederkommen."

Der Vater aber freute sich, denn es war ihm zu Herzen gegangen, dass er sie so allein zurückgelassen hatte.

Nicht lange danach war wieder Not in allen Ecken und die Kinder hörten, wie die Mutter nachts im Bette zu dem Vater sprach: „Alles ist wieder aufgezehrt,

wir haben noch einen halben Laib Brot, hernach hat das Lied ein Ende. Die Kinder müssen fort, wir wollen sie tiefer in den Wald hineinführen, damit sie den Weg nicht wieder herausfinden, es ist sonst keine Rettung für uns."

Dem Mann fiel's schwer aufs Herz und er dachte: „Es wäre besser, dass du den letzten Bissen mit deinen Kindern teiltest."

Aber die Frau hörte auf nichts, was er sagte, schalt ihn und machte ihm Vorwürfe. Wer A sagt, muss auch B sagen und weil er das erste Mal nachgegeben hatte, so musste er es auch zum zweiten Mal.

Die Kinder waren aber noch wach gewesen und hatten das Gespräch mit angehört. Als die Alten schliefen, stand Hänsel wieder auf, wollte hinaus und

Kieselsteine auflesen wie das vorige Mal, aber die Frau hatte die Tür verschlossen und Hänsel konnte nicht hinaus.

Aber er tröstete sein Schwesterchen und sprach: „Weine nicht, Gretel, und schlaf nur ruhig, der liebe Gott wird uns schon helfen."

Am frühen Morgen kam die Frau und holte die Kinder aus dem Bette. Sie erhielten ihr Stückchen Brot, das war aber noch kleiner als das vorige Mal. Auf dem Wege nach dem Wald bröckelte es Hänsel in der Tasche, stand oft still und warf ein Bröcklein auf die Erde.

„Hänsel, was stehst du und guckst dich um", sagte der Vater, „geh deiner Wege."

„Ich sehe nach meinem Täubchen, das sitzt auf dem Dache und will mir Ade sagen", antwortete Hänsel.

„Narr", sagte die Frau, „das ist dein Täubchen nicht, das ist die Morgensonne, die auf den Schornstein oben scheint."

Hänsel aber warf nach und nach alle Bröcklein auf den Weg. Die Frau führte die Kinder noch tiefer in den Wald, wo sie ihr Lebtag noch nicht gewesen waren.

Da ward wieder ein großes Feuer angemacht und die Mutter sagte: „Bleibt nur da sitzen, ihr Kinder, und wenn ihr müde seid, könnt ihr ein wenig schlafen. Wir gehen in den Wald und hauen Holz, und abends, wenn wir fertig sind, kommen wir und holen euch ab."

Als es Mittag war, teilte Gretel ihr Brot mit Hänsel, der sein Stück auf den Weg gestreut hatte. Dann schliefen sie ein und der Abend verging, aber niemand kam zu den armen Kindern.

Sie erwachten erst in der finsteren Nacht und Hänsel tröstete sein Schwesterchen und sagte: „Wart nur, Gretel, bis der Mond aufgeht, dann werden wir die Brotbröcklein sehen, die ich ausgestreut habe, die zeigen uns den Weg nach Haus."

Als der Mond kam, machten sie sich auf, aber sie fanden kein Bröcklein mehr, denn die vieltausend Vögel, die im Walde und im Felde umherfliegen, die hatten sie weggepickt.

Hänsel sagte zu Gretel: „Wir werden den Weg schon finden", aber sie fanden ihn nicht.

Sie gingen die ganze Nacht und noch einen Tag von Morgen bis Abend, aber sie kamen aus dem Wald nicht heraus und waren so hungrig, denn sie hatten nichts als die paar Beeren, die auf der Erde standen. Und weil sie so müde waren, dass die Beine sie nicht mehr tragen wollten, so legten sie sich unter einen Baum und schliefen ein.

Nun war's schon der dritte Morgen, dass sie ihres Vaters Haus verlassen hatten. Sie fingen wieder an zu gehen, aber sie gerieten immer tiefer in den Wald und wenn nicht bald Hilfe kam, so mussten sie verschmachten.

Als es Mittag war, sahen sie ein schönes schneeweißes Vöglein auf einem Ast sitzen, das sang so schön, dass sie stehen blieben und ihm zuhörten. Und als es fertig war, schwang es seine Flügel und flog vor ihnen her und sie gingen ihm nach, bis sie zu einem Häuschen gelangten, auf dessen Dach es sich setzte und als sie ganz nah herankamen, so sahen sie, dass das Häuslein aus Brot gebaut war und mit Kuchen gedeckt,

aber die Fenster waren von hellem Zucker.

„Da wollen wir uns dran machen", sprach Hänsel, „und eine gesegnete Mahlzeit halten. Ich will ein Stück vom Dach essen, Gretel, du kannst vom Fenster essen, das schmeckt süß."

Hänsel reichte in die Höhe und brach sich ein wenig vom Dach ab, um zu versuchen, wie es schmeckte, und Gretel stellte sich an die Scheiben und knuperte daran.

Da rief eine feine Stimme aus der Stube heraus: „Knuper, knuper, kneischen, wer knupert an meinem Häuschen?"

Die Kinder antworteten: „Der Wind, der Wind, das himmlische Kind", und aßen weiter, ohne sich irre machen zu lassen.

Hänsel, dem das Dach sehr gut schmeckte, riss sich ein großes Stück davon herunter, und Gretel stieß eine ganze runde Fensterscheibe heraus, setzte sich nieder und tat sich wohl damit. Da ging auf einmal die Türe auf und eine steinalte Frau, die sich auf eine Krücke stützte, kam herausgeschlichen. Hänsel und Gretel erschraken so gewaltig, dass sie fallen ließen, was sie in den Händen hielten.

Die Alte aber wackelte mit dem Kopfe und sprach: „Ei, ihr lieben Kinder, wer hat euch hierher gebracht? Kommt nur herein und bleibt bei mir, es geschieht euch kein Leid."

Sie fasste beide an der Hand und führte sie in ihr Häuschen. Da ward gutes Essen aufgetragen, Milch und Pfannkuchen mit Zucker, Äpfel und Nüsse. Hernach wurden zwei schöne Bettlein weiß gedeckt und Hänsel und Gretel legten sich hinein und meinten, sie wären im Himmel.

Die Alte hatte sich nur so freundlich angestellt, sie war aber eine böse Hexe, die den Kindern auflauerte und hatte das Brothäuslein bloß gebaut, um sie herbeizulocken. Wenn eins in ihre Gewalt kam, so machte sie es tot, kochte es und aß es auf und das war ihr ein Festtag.

Die Hexen haben rote Augen und können nicht weit sehen, aber sie haben eine feine Witterung, wie die Tiere und merken's, wenn Menschen herankommen. Als Hänsel und Gretel in ihre Nähe kamen, da lachte sie boshaft und sprach höhnisch: „Die habe ich, die sollen mir nicht wieder entwischen."

Frühmorgens, ehe die Kinder erwacht waren, stand sie schon auf und als sie beide so lieblich ruhen sah, mit den vollen roten Backen, so murmelte sie vor sich hin: „Das wird ein guter Bissen werden."

Da packte sie Hänsel mit ihrer dürren Hand und trug ihn in einen kleinen Stall und sperrte ihn mit einer Gittertüre ein. Er mochte schreien, wie er wollte, es half ihm nichts.

Dann ging sie zu Gretel, rüttelte sie wach und rief: „Steh auf, Faulenzerin, trag Wasser und koch deinem Bruder etwas Gutes, der sitzt draußen im Stall und soll fett werden. Wenn er fett ist, so will ich ihn essen."

Gretel fing an bitterlich zu weinen, aber es war alles vergeblich, sie musste tun, was die böse Hexe verlangte. Nun ward dem armen Hänsel das beste Essen gekocht, aber Gretel bekam nichts als Krebsschalen.

Jeden Morgen schlich die Alte zu dem Ställchen und rief: „Hänsel, streck deine Finger heraus, damit ich fühle, ob du bald fett bist." Hänsel streckte ihr aber ein Knöchlein heraus und die Alte, die trübe Augen hatte, konnte es nicht sehen und meinte, es wären Hänsels Finger und verwunderte sich, dass er gar nicht fett werden wollte.

Als vier Wochen herum waren und Hänsel immer mager blieb, da übernahm sie die Ungeduld und sie wollte nicht länger warten.

„Heda, Gretel", rief sie dem Mädchen zu, „sei flink und trag Wasser: Hänsel mag fett oder mager sein, morgen will ich ihn schlachten und kochen."

Ach, wie jammerte das arme Schwesterchen, als es das Wasser tragen musste und wie flossen ihm die Tränen über die Backen herunter!

„Lieber Gott, hilf uns doch", rief sie aus, „hätten uns nur die wilden Tiere im Wald gefressen, so wären wir doch zusammen gestorben."

„Spar nur dein Geplärre", sagte die Alte, „es hilft dir alles nichts."

Frühmorgens musste Gretel heraus, den Kessel mit Wasser aufhängen und Feuer anzünden.

„Erst wollen wir backen", sagte die Alte, „ich habe den Backofen schon eingeheizt und den Teig geknetet."

Sie stieß das arme Gretel hinaus zu dem Backofen aus dem die Feuerflammen schon herausschlugen. „Kriech hinein", sagte die Hexe, „und sieh zu, ob recht

eingeheizt ist, damit wir das Brot hineinschieben können."

Und wenn Gretel darin war, wollte sie den Ofen zumachen und Gretel sollte darin braten und dann wollte sie's auch aufessen. Aber Gretel merkte, was sie im Sinn hatte und sprach: „Ich weiß nicht, wie ich's machen soll. Wie komm ich da hinein?"

„Dumme Gans", sagte die Alte, „die Öffnung ist groß genug, siehst du wohl, ich könnte selbst hinein", krabbelte heran und steckte den Kopf in den Backofen.

Da gab ihr Gretel einen Stoß, dass sie weit hineinfuhr, machte die eiserne Tür zu und schob den Riegel vor. Hu! da fing sie an zu heulen, ganz grauselig, aber Gretel lief fort und die gottlose Hexe musste elendiglich verbrennen.

Gretel aber lief schnurstracks zum Hänsel, öffnete sein Ställchen und rief: „Hänsel, wir sind erlöst, die alte Hexe ist tot."

Da sprang Hänsel heraus, wie ein Vogel aus dem Käfig, wenn ihm die Türe aufgemacht wird.

Wie haben sie sich gefreut, sind sich um den Hals gefallen, sind herumgesprungen und haben sich geküsst! Und weil sie sich nicht mehr zu fürchten

brauchten, so gingen sie in das Haus der Hexe hinein, da standen in allen Ecken Kästen mit Perlen und Edelsteinen.

„Die sind noch besser als Kieselsteine", sagte Hänsel und steckte in seine Taschen, was hinein wollte und Gretel sagte: „Ich will auch etwas mit nach Hause bringen", und füllte sich sein Schürzchen voll.

„Aber jetzt wollen wir fort", sagte Hänsel, „damit wir aus dem Hexenwald herauskommen."

Als sie aber ein paar Stunden gegangen waren, gelangten sie an ein großes Wasser. „Wir können nicht hinüber", sprach Hänsel, „ich seh keinen Steg und keine Brücke."

„Hier fährt auch kein Schiffchen", antwortete Gretel, „aber da schwimmt eine weiße Ente, wenn ich die bitte, so hilft sie uns hinüber." Da rief sie: „Entchen, Entchen, da steht Gretel und Hänsel. Kein Steg und keine Brücke, nimm uns auf deinen weißen Rücken."

Das Entchen kam auch heran und Hänsel setzte sich auf und bat sein Schwesterchen, sich zu ihm zu setzen. „Nein", antwortete Gretel, „es wird dem Entchen zu schwer, es soll uns nacheinander hinüber bringen."

Das tat das gute Tierchen und als sie glücklich drüben waren und ein Weilchen fortgingen, da kam ihnen der Wald immer bekannter und immer bekannter vor und endlich erblickten sie von weitem ihres Vaters Haus.

Da fingen sie an zu laufen, stürzten in die Stube hinein und fielen ihrem Vater um den Hals.

Der Mann hatte keine frohe Stunde gehabt, seitdem er die Kinder im Walde gelassen hatte, die Frau aber war gestorben. Gretel schüttete sein Schürzchen aus, dass die Perlen und Edelsteine in der Stube herumsprangen und Hänsel warf eine Handvoll nach der andern aus seiner Tasche dazu. Da hatten alle Sorgen ein Ende und sie lebten in lauter Freude zusammen.

Mein Märchen ist aus, dort läuft eine Maus, wer sie fängt, darf sich eine große, große Pelzkappe daraus machen.

Hans im Glück

Hans hatte sieben Jahre bei seinem Herrn gedient, da sprach er zu ihm: „Herr, meine Zeit ist herum, nun wollte ich gerne wieder heim zu meiner Mutter, gebt mir meinen Lohn." Der Herr antwortete: „Du hast mir treu und ehrlich gedient. Wie der Dienst war, so soll der Lohn sein", und gab ihm ein Stück Gold, das so groß als Hansens Kopf war.

Hans zog sein Tüchlein aus der Tasche, wickelte den Klumpen hinein,

setzte ihn auf die Schulter und machte sich auf den Weg nach Haus. Wie er so dahinging und immer ein Bein vor das andere setzte, kam ihm ein Reiter in die Augen, der frisch und fröhlich auf einem munteren Pferd vorbeitrabte.

„Ach", sprach Hans ganz laut, „was ist das Reiten ein schönes Ding! Da sitzt einer wie auf einem Stuhl, stößt sich an keinem Stein, spart die Schuh und kommt fort, er weiß nicht wie." Der Reiter, der das gehört hatte, hielt an und

rief: „Ei, Hans, warum läufst du auch zu Fuß?"

„Ich muss ja wohl", antwortete er, „da habe ich einen Klumpen heimzutragen. Es ist zwar Gold, aber ich kann den Kopf dabei nicht gerad halten, auch drückt mir's auf die Schulter."

„Weißt du was", sagte der Reiter, „wir wollen tauschen: Ich gebe dir mein Pferd und du gibst mir deinen Klumpen."

fest in die Hände und sprach: „Wenn's
nun recht geschwind soll gehen, so
musst du mit der Zunge schnalzen und
hopp hopp rufen."

Hans war seelenfroh, als er auf dem
Pferde saß und so frank und frei dahin-
ritt. Über ein Weilchen fiel's ihm ein, es
sollte noch schneller gehen und fing an,
mit der Zunge zu schnalzen und „hopp
hopp" zu rufen.

Das Pferd setzte sich in starken Trab
und ehe sich's Hans versah, war er ab-
geworfen und lag in einem Graben, der
die Äcker von der Landstraße trennte.
Das Pferd wäre auch durchgegangen,
wenn es nicht ein Bauer aufgehalten
hätte, der des Weges kam und eine Kuh
vor sich her trieb.

Hans suchte seine Glieder zusammen
und machte sich wieder auf die Beine.
Er war aber verdrießlich und sprach
zu dem Bauer: „Es ist ein schlechter
Spaß, das Reiten, zumal wenn man
auf so eine Mähre gerät wie diese,
die stößt und einen herabwirft, dass
man den Hals brechen kann. Ich
setze mich nun und nimmermehr
wieder auf. Da lob ich mir Eure Kuh,
da kann einer mit Gemächlichkeit
hinterhergehen und hat obendrein
seine Milch, Butter und Käse jeden Tag

„Von Herzen gern", sprach Hans, aber
ich sage Euch, Ihr müsst Euch damit
schleppen."

Der Reiter stieg ab, nahm das Gold und
half dem Hans hinauf, gab ihm die Zügel

gewiss. Was gäbe ich darum, wenn ich so eine Kuh hätte!"

„Nun", sprach der Bauer, „geschieht Euch so ein großer Gefallen, so will ich Euch wohl die Kuh für das Pferd vertauschen."

Hans willigte mit tausend Freuden ein. Der Bauer schwang sich aufs Pferd und ritt eilig davon.

Hans trieb seine Kuh ruhig vor sich her und bedachte den glücklichen Handel.

„Hab ich nur ein Stück Brot und daran wird mir's doch nicht fehlen, so kann ich, so oft mir's beliebt, Butter und Käse dazu essen. Hab ich Durst, so melk' ich meine Kuh und trinke Milch. Herz, was verlangst du mehr?"

Als er zu einem Wirtshaus kam, machte er Halt, aß in der großen Freude alles, was er bei sich hatte – sein Mittag- und Abendbrot – rein auf und ließ sich für seine letzten Heller ein halbes Glas Bier einschenken.

Dann trieb er seine Kuh weiter, immer nach dem Dorfe seiner Mutter zu. Die Hitze ward drückender, je näher der Mittag kam und Hans befand sich in einer Heide, die wohl noch eine Stunde dauerte.

Da ward es ihm ganz heiß, sodass ihm vor Durst die Zunge am Gaumen klebte. Dem Ding ist zu helfen, dachte Hans, jetzt will ich meine Kuh melken und mich an der Milch laben. Er band sie an einen dürren Baum und da er keinen Eimer hatte, so stellte er seine Ledermütze unter. Aber wie er sich auch bemühte, es kam kein Tropfen Milch zum Vorschein. Und weil er sich ungeschickt dabei anstellte, so gab ihm das ungeduldige Tier endlich mit einem seiner Hinterfüße einen solchen Schlag vor den Kopf, dass er zu Boden taumelte und sich eine Zeitlang gar nicht besinnen konnte, wo er war.

Glücklicherweise kam gerade ein Metzger des Weges, der auf einem Schubkarren ein junges Schwein liegen hatte. „Was sind das für Streiche!", rief er und half dem guten Hans auf. Hans erzählte, was vorgefallen war.

Der Metzger reichte ihm seine Flasche und sprach: „Da trinkt einmal und erholt Euch. Die Kuh will wohl keine Milch geben, das ist ein altes Tier, das höchstens noch zum Ziehen taugt oder zum Schlachten."

„Ei, ei", sprach Hans und strich sich die Haare über den Kopf, „wer hätte das gedacht! Es ist freilich gut, wenn man so ein Tier ins Haus abschlachten kann, was gibt's für Fleisch! Aber ich mache mir aus dem Kuhfleisch nicht viel, es

ist mir nicht saftig genug. Ja, wer so ein junges Schwein hätte! Das schmeckt anders, dabei noch die Würste."

„Hört, Hans", sprach da der Metzger, „Euch zuliebe will ich tauschen und will Euch das Schwein für die Kuh lassen."

„Gott lohn Euch Eure Freundschaft", sprach Hans, übergab ihm die Kuh, ließ sich das Schweinchen vom Karren losmachen und den Strick, woran es gebunden war, in die Hand geben.

Hans zog weiter und überdachte, wie ihm doch alles nach Wunsch ginge: Begegnete ihm je eine Verdrießlichkeit, so würde sie doch gleich wieder gutgemacht. Es gesellte sich danach ein Bursch zu ihm, der trug eine schöne,

weiße Gans unter dem Arm. Sie boten einander die Zeit und Hans fing an, von seinem Glück zu erzählen und wie er immer so vorteilhaft getauscht hätte.

Der Bursch erzählte ihm, dass er die Gans zu einem Kindtaufschmaus brächte. „Hebt einmal", fuhr er fort und packte sie bei den Flügeln, „wie schwer

„Ja", sprach Hans und wog sie mit der einen Hand, „die hat ihr Gewicht, aber mein Schwein ist auch keine Sau."

Indessen sah sich der Bursch nach allen Seiten ganz bedenklich um, schüttelte auch wohl mit dem Kopf.

„Hört", fing er darauf an, „mit Eurem Schweine mag's nicht ganz richtig sein. In dem Dorf, durch das ich gekommen bin, ist eben dem Schulzen eins aus dem Stall gestohlen worden. Ich fürchte, ich fürchte, Ihr habt's da in der Hand. Sie haben Leute ausgeschickt und es wäre ein schlimmer Handel, wenn sie Euch mit dem Schwein erwischten: Das Geringste ist, dass Ihr ins finstre Loch gesteckt werdet."

Dem guten Hans ward bang. „Ach Gott", sprach er, „helft mir aus der Not, Ihr wisst hier herum besseren Bescheid. Nehmt mein Schwein da und lasst mir Eure Gans."

„Ich muss schon etwas aufs Spiel setzen", antwortete der Bursche, „aber ich will doch nicht schuld sein, dass Ihr ins Unglück geratet." Er nahm also das Seil in die Hand und trieb das Schwein schnell auf einem Seitenweg fort.

sie ist. Sie ist aber auch acht Wochen lang genudelt worden. Wer in den Braten beißt, muss sich das Fett von beiden Seiten abwischen."

Der gute Hans aber ging, seiner Sorgen entledigt, mit der Gans unter dem Arme der Heimat zu.

„Wenn ich's recht überlege", sprach er mit sich selbst, „habe ich noch Vorteil bei dem Tausch: Erstlich den guten Braten, hernach die Menge von Fett, die herausträufeln wird, das gibt Gänsefettbrot auf ein Vierteljahr und endlich die schönen, weißen Federn, die lass ich mir in mein Kopfkissen stopfen und darauf will ich wohl ungewiegt einschlafen. Was wird meine Mutter eine Freude haben!"

Als er durch das letzte Dorf gekommen war, stand da ein Scherenschleifer mit seinem Karren, sein Rad schnurrte, und er sang dazu:

> *„Ich schleife die Schere*
> *und drehe geschwind*
> *und hänge mein Mäntelchen*
> *nach dem Wind."*

Hans blieb stehen und sah ihm zu. Endlich redete er ihn an und sprach: „Euch geht's wohl, weil Ihr so lustig bei Eurem Schleifen seid."

„Ja", antwortete der Scherenschleifer, „das Handwerk hat einen güldenen Boden. Ein rechter Schleifer ist ein Mann, der, sooft er in die Tasche greift, auch Geld darin findet. Aber wo habt Ihr die schöne Gans gekauft?"

„Die hab ich nicht gekauft, sondern für ein Schwein eingetauscht."

„Und das Schwein?"
„Das hab ich für eine Kuh gekriegt."
„Und die Kuh?"

„Die hab ich für ein Pferd bekommen."
„Und das Pferd?" – „Dafür hab ich einen
Klumpen Gold, so groß als mein Kopf, gegeben." – „Und das Gold?"
„Ei, das war mein Lohn für sieben Jahre
Dienst."

„Ihr habt Euch jederzeit zu helfen ge-
wusst", sprach der Schleifer, „könnt
Ihr's nun dahin bringen, dass Ihr das
Geld in der Tasche springen hört, wenn
Ihr aufsteht, so habt Ihr Euer Glück ge-
macht."

„Wie soll ich das anfangen?", sprach
Hans.

„Ihr müsst ein Schleifer werden wie
ich. Dazu gehört eigentlich nichts als
ein Wetzstein, das andere findet sich
schon von selbst. Da hab ich einen, der

ich Geld, sooft ich in die Tasche greife, was brauche ich da länger zu sorgen?", reichte ihm die Gans hin und nahm den Wetzstein in Empfang.

„Nun", sprach der Schleifer und hob einen gewöhnlichen schweren Feldstein, der neben ihm lag, auf, „da habt Ihr noch einen tüchtigen Stein dazu, auf dem sich's gut schlagen lässt und Ihr Eure alten Nägel geradeklopfen könnt. Nehmt ihn und hebt ihn ordentlich auf."

Hans lud den Stein auf und ging mit vergnügtem Herzen weiter. Seine Augen leuchteten vor Freude. „Ich muss in einer Glückshaut geboren sein", rief er aus, „alles, was ich wünsche, trifft mir ein wie einem Sonntagskind."

Indessen, weil er seit Tagesanbruch auf den Beinen gewesen war, begann er müde zu werden. Auch plagte ihn der Hunger, da er allen Vorrat auf einmal in der Freude über die erhandelte Kuh aufgezehrt hatte.

Er konnte endlich nur mit Mühe weitergehen und musste jeden Augenblick haltmachen. Dabei drückten ihn die Steine ganz erbärmlich. Da konnte er sich des Gedankens nicht erwehren, wie gut es wäre, wenn er sie gerade jetzt nicht zu tragen brauchte.

ist zwar ein wenig schadhaft, dafür sollt Ihr mir aber auch weiter nichts als Eure Gans geben. Wollt Ihr das?"

„Wie könnt Ihr noch fragen", antwortete Hans, „ich werde ja zum glücklichsten Menschen auf Erden! Habe

Wie eine Schnecke kam er zu einem Feldbrunnen geschlichen, wollte da ruhen und sich mit einem frischen Trunk laben, damit er aber die Steine im Niedersitzen nicht beschädigte, legte er sie bedächtig neben sich auf den Rand des Brunnens.

Darauf setzte er sich nieder und wollte sich zum Trinken bücken, da versah er's, stieß ein klein wenig an und beide Steine plumpsten hinab. Hans, als er sie mit seinen Augen in die Tiefe hatte versinken sehen, sprang vor Freuden auf, kniete dann nieder und dankte Gott mit Tränen in den Augen, dass er ihm auch diese Gnade noch erwiesen und ihn auf eine so gute Art und ohne dass er sich einen Vorwurf zu machen brauchte, von den schweren Steinen befreit hatte, die ihm allein noch hinderlich gewesen wären.

„So glücklich wie ich", rief er aus, „gibt es keinen Menschen unter der Sonne." Mit leichtem Herzen und frei von aller Last sprang er nun fort, bis er daheim bei seiner Mutter war.

Rotkäppchen

Es war einmal eine kleine, süße Dirne, die hatte jedermann lieb, der sie nur ansah, am allerliebsten aber ihre Großmutter, die wusste gar nicht, was sie alles dem Kinde geben sollte. Einmal schenkte sie ihm ein Käppchen von rotem Sammet und weil ihm das so wohl stand und es nichts anderes mehr tragen wollte, hieß es nur das Rotkäppchen.

Eines Tages sprach seine Mutter zu ihm: „Komm, Rotkäppchen, da hast du ein

Stück Kuchen und eine Flasche Wein, bring das der Großmutter hinaus. Sie ist krank und schwach und wird sich daran laben. Mach dich auf, bevor es heiß wird und wenn du hinauskommst, so geh hübsch sittsam und lauf nicht vom Weg ab, sonst fällst du und zerbrichst das Glas und die Großmutter hat nichts. Und wenn du in ihre Stube kommst, so vergiss nicht, ‚Guten Morgen‘ zu sagen und guck nicht erst in allen Ecken herum."

„Ich will schon alles gut machen", sagte Rotkäppchen zur Mutter und gab ihr die Hand darauf.

Die Großmutter aber wohnte draußen im Wald, eine halbe Stunde vom Dorf. Wie nun Rotkäppchen in den Wald kam, begegnete ihm der Wolf. Rotkäppchen aber wusste nicht, was das für ein böses Tier war und fürchtete sich nicht vor ihm.

„Guten Tag, Rotkäppchen", sprach er. – „Schönen Dank, Wolf." – „Wo hinaus so früh, Rotkäppchen?" – „Zur Großmutter." – „Was trägst du unter der Schürze?" – „Kuchen und Wein. Gestern haben wir gebacken, da soll sich die kranke und schwache Großmutter etwas zu gut tun und sich damit stärken." – „Rotkäppchen, wo wohnt deine Großmutter?" – „Noch eine gute Viertelstunde weiter im Wald, unter den drei großen Eichbäumen, da steht ihr Haus, unten sind die Nusshecken, das wirst du ja wissen", sagte Rotkäppchen. Der Wolf dachte bei sich: „Das junge zarte Ding, das ist ein fetter Bissen, der wird noch besser schmecken als die Alte. Du musst es listig anfangen, damit du beide erschnappst." Da ging er ein Weilchen neben Rotkäppchen her, dann sprach er: „Rotkäppchen, sieh einmal die schönen Blumen, die rings umherstehen, warum guckst du dich nicht um? Ich glaube, du hörst gar

nicht, wie die Vöglein so lieblich singen? Du gehst ja für dich hin, als wenn du zur Schule gingst und ist so lustig haußen in dem Wald."

Rotkäppchen schlug die Augen auf und als es sah, wie die Sonnenstrahlen durch die Bäume hin und her tanzten und alles voll schöner Blumen stand, dachte es: „Wenn ich der Großmutter einen frischen Strauß mitbringe, der wird ihr auch Freude machen. Es ist so früh am Tag, dass ich doch zur rechten Zeit ankomme", lief vom Wege ab in den Wald hinein und suchte Blumen. Und wenn es eine gebrochen hatte, meinte es, weiter hinaus stände

eine schönere und lief darnach und geriet immer tiefer in den Wald hinein. Der Wolf aber ging geradewegs nach dem Haus der Großmutter und klopfte an die Türe.

„Wer ist draußen?" – „Rotkäppchen, das bringt Kuchen und Wein, mach auf." – „Drück nur auf die Klinke", rief die Großmutter, „ich bin zu schwach und kann nicht aufstehen."

Der Wolf drückte auf die Klinke, die Tür sprang auf und er ging, ohne ein Wort zu sprechen, gerade zum Bett der Großmutter und verschluckte sie. Dann tat er ihre Kleider an, setzte ihre Haube auf, legte sich in ihr Bett und zog die Vorhänge vor.

Rotkäppchen aber war nach den Blumen herumgelaufen und als es so viel zusammen hatte, dass es keine mehr tragen konnte, fiel ihm die Großmutter wieder ein und es machte sich auf den Weg zu ihr. Es wunderte sich, dass die Türe aufstand und wie es in die Stube trat, so kam es ihm so seltsam darin vor, dass es dachte: „Ei, du mein Gott, wie ängstlich wird mir's heute zu Mut und bin sonst so gerne bei der Großmutter!" Es rief: „Guten Morgen", bekam aber keine Antwort. Darauf ging es zum Bett und zog die Vorhänge zurück. Da lag

die Großmutter und hatte die Haube tief ins Gesicht gesetzt und sah so wunderlich aus.

„Ei, Großmutter, was hast du für große Ohren!" – „Dass ich dich besser hören kann." – „Ei, Großmutter, was hast du für große Augen!" – „Dass ich dich besser sehen kann." – „Ei, Großmutter, was hast du für große Hände!" – „Dass ich dich besser packen kann." – „Aber Großmutter, was hast du für ein entsetzlich großes Maul!" – „Dass ich dich besser fressen kann."

Kaum hatte der Wolf das gesagt, so tat er einen Satz aus dem Bette und ver-

schlang das arme Rotkäppchen. Wie der Wolf sein Gelüsten gestillt hatte, legte er sich wieder ins Bett, schlief ein und fing an, überlaut zu schnarchen.

Der Jäger ging eben an dem Haus vorbei und dachte: „Wie die alte Frau schnarcht, du musst doch sehen, ob ihr etwas fehlt." Da trat er in die Stube und wie er vor das Bette kam, so sah er, dass der Wolf darin lag. „Finde ich dich hier, du alter Sünder", sagte er, „ich habe dich lange gesucht."

Nun wollte er seine Büchse anlegen, da fiel ihm ein, der Wolf könnte die Großmutter gefressen haben und sie wäre noch zu retten, schoss nicht, sondern nahm eine Schere und fing an, dem schlafenden Wolf den Bauch aufzuschneiden.

Wie er ein paar Schnitte getan hatte, da sah er das rote Käppchen leuchten und noch ein paar Schnitte, da sprang das Mädchen heraus und rief: „Ach, wie war ich erschrocken, wie war's so dunkel in dem Wolf seinem Leib!"

Und dann kam die alte Großmutter auch noch lebendig heraus und konnte kaum atmen. Rotkäppchen aber holte geschwind große Steine, damit füllten sie dem Wolf den Leib und wie er aufwachte, wollte er fortspringen, aber die

Steine waren so schwer, dass er gleich niedersank und sich tot fiel.

Da waren alle drei vergnügt; der Jäger zog dem Wolf den Pelz ab und ging damit heim, die Großmutter aß den Kuchen und trank den Wein, den Rotkäppchen gebracht hatte und erholte sich wieder. Rotkäppchen aber dachte: „Du willst dein Lebtag nicht wieder allein vom Wege ab in den Wald laufen, wenn dir's die Mutter verboten hat."

Der Froschkönig

In den alten Zeiten, wo das Wünschen noch geholfen hat, lebte ein König, dessen Töchter waren alle schön, aber die jüngste war so schön, dass die Sonne selber, die doch so vieles gesehen hatte, sich verwunderte, sooft sie ihr ins Gesicht schien.

Nahe bei dem Schlosse des Königs lag ein großer, dunkler Wald und in dem Walde unter einer alten Linde war ein Brunnen.

Wenn nun der Tag recht heiß war, so ging das Königskind hinaus in den Wald und setzte sich an den Rand des kühlen Brunnens und wenn sie Langeweile hatte, so nahm sie eine goldene Kugel, warf sie in die Höhe und fing sie wieder und das war ihr liebstes Spielwerk.

Nun trug es sich einmal zu, dass die goldene Kugel der Königstochter nicht in ihr Händchen fiel, das sie in die Höhe gehalten hatte, sondern vorbei auf die Erde schlug und geradezu ins Wasser hineinrollte.

Die Königstochter folgte ihr mit den Augen nach, aber die Kugel verschwand und der Brunnen war tief, so tief, dass man keinen Grund sah. Da fing sie an zu weinen und weinte immer lauter und konnte sich gar nicht trösten.

Und wie sie so klagte, rief ihr jemand zu: „Was hast du vor, Königstochter, du schreist ja, dass sich ein Stein erbarmen möchte."

Sie sah sich um, woher die Stimme käme, da erblickte sie einen Frosch, der seinen dicken, hässlichen Kopf aus dem Wasser streckte.

„Ach, du bist's, alter Wasserpatscher", sagte sie, „ich weine über meine goldene Kugel, die mir in den Brunnen hinabgefallen ist."

„Sei still und weine nicht", antwortete der Frosch, „ich kann wohl Rat schaffen. Aber was gibst du mir, wenn ich dein Spielwerk wieder heraufhole?"

„Was du haben willst, lieber Frosch", sagte sie, „meine Kleider, meine Perlen und Edelsteine, auch noch die goldene Krone, die ich trage."

Der Frosch antwortete: „Deine Kleider, deine Perlen und Edelsteine und deine goldene Krone, die mag ich nicht. Aber wenn du mich lieb haben willst und ich soll dein Geselle und Spielkamerad sein, an deinem Tischlein neben dir sitzen, von deinem goldenen Tellerlein essen, aus deinem Becherlein trinken, in deinem Bettlein schlafen – wenn du mir das versprichst, so will ich hinuntersteigen und dir die goldene Kugel wieder heraufholen."

„Ach ja", sagte sie, „ich verspreche dir alles, was du willst, wenn du mir nur die Kugel wiederbringst."

Sie dachte aber: „Was der einfältige Frosch schwätzt! Der sitzt im Wasser bei seinesgleichen und quakt und kann keines Menschen Geselle sein."

Der Frosch, als er die Zusage erhalten hatte, tauchte seinen Kopf unter, sank hinab und über ein Weilchen kam er wieder heraufgerudert, hatte die Kugel im Maul und warf sie ins Gras. Die Königstochter war voll Freude, als sie ihr schönes Spielwerk wieder erblickte, hob es auf und sprang damit fort.

„Warte, warte", rief der Frosch, „nimm mich mit, ich kann nicht so laufen wie du." Aber was half es ihm, dass er ihr sein Quak Quak so laut nachschrie, als er konnte! Sie hörte nicht darauf, eilte nach Haus und hatte bald den ar-

men Frosch vergessen, der wieder in seinen Brunnen hinabsteigen musste.

Am andern Tag, als sie mit dem König und allen Hofleuten sich zur Tafel gesetzt hatte und von ihrem goldenen Tellerlein aß, da kam – plitsch platsch, plitsch platsch – etwas die Marmortreppe heraufgekrochen und als es oben angelangt war, klopfte es an die Tür und rief: „Königstochter, jüngste, mach mir auf."

Sie lief und wollte sehen, wer da draußen wäre, als sie aber aufmachte, so saß der Frosch davor.

Da warf sie die Tür hastig zu, setzte sich wieder an den Tisch und es war ihr ganz angst.

Der König sah wohl, dass ihr das Herz gewaltig klopfte und sprach: „Mein Kind, was fürchtest du dich? Steht etwa ein Riese vor der Tür und will dich holen?"

„Ach nein," antwortete sie, „es ist kein Riese, sondern ein garstiger Frosch."

„Was will der Frosch von dir?"

„Ach lieber Vater, als ich gestern im Wald bei dem Brunnen saß und spielte, da fiel meine goldene Kugel ins Wasser. Und weil ich so weinte, hat sie der Frosch wieder herausgeholt und weil er es durchaus verlangte, so versprach ich ihm, er solle mein Geselle werden, ich dachte aber nimmermehr, dass er aus seinem Wasser heraus könnte. Nun ist er draußen und will zu mir herein."

Indem klopfte es zum zweiten Mal und rief:

> „Königstochter, jüngste,
> mach mir auf,
> weisst du nicht, was gestern
> du zu mir gesagt
> bei dem kühlen Brunnenwasser?
> Königstochter, jüngste,
> mach mir auf."

Da sagte der König: „Was du versprochen hast, das musst du auch halten, geh nur und mach ihm auf."

Sie ging und öffnete die Türe, da hüpfte der Frosch herein, ihr immer auf dem Fuße nach, bis zu ihrem Stuhl. Da saß er und rief: „Heb mich herauf zu dir."

Sie zauderte, bis es endlich der König befahl.

Als der Frosch erst auf dem Stuhl war, wollte er auf den Tisch und als er da saß, sprach er: „Nun schieb mir dein goldenes Tellerlein näher, damit wir zusammen essen."

Das tat sie zwar, aber man sah wohl, dass sie's nicht gerne tat. Der Frosch

ließ sich's gut schmecken, aber ihr blieb fast jedes Bisslein im Halse.

Endlich sprach er: „Ich habe mich satt gegessen und bin müde, nun trag mich in dein Kämmerlein, und mach dein seidenes Bettlein zurecht, da wollen wir uns schlafen legen."

Die Königstochter fing an zu weinen und fürchtete sich vor dem kalten Frosch, den sie nicht anzurühren getraute und der nun in ihrem schönen, reinen Bettlein schlafen sollte. Der König aber ward zornig und sprach:

„Wer dir geholfen hat, als du in Not warst, den sollst du hernach nicht verachten."

Da packte sie ihn mit zwei Fingern, trug ihn hinauf und setzte ihn in eine Ecke. Als sie aber im Bett lag, kam er gekrochen und sprach: „Ich bin müde, ich will schlafen so gut wie du. Heb mich herauf oder ich sag's deinem Vater."

Da ward sie erst bitterböse, holte ihn herauf und warf ihn aus allen Kräften wider die Wand: „Nun wirst du Ruhe haben, du garstiger Frosch."

Als er aber herabfiel, war er kein Frosch, sondern ein Königssohn mit schönen und freundlichen Augen. Der war nun nach ihres Vaters Willen ihr lieber Geselle und Gemahl.

Da erzählte er ihr, er wäre von einer bösen Hexe verwünscht worden und niemand hätte ihn aus dem Brunnen erlösen können als sie allein und morgen wollten sie zusammen in sein Reich gehen.

Dann schliefen sie ein und am andern Morgen, als die Sonne sie aufweckte, kam ein Wagen herangefahren mit acht weißen Pferden bespannt, die hatten weiße Straußfedern auf dem Kopf und gingen in goldenen Ketten und hinten stand der Diener des jungen Königs, das war der treue Heinrich.

Der treue Heinrich hatte sich so betrübt, als sein Herr war in einen Frosch verwandelt worden, dass er drei eiserne Bande hatte um sein Herz legen lassen, damit es ihm nicht vor Weh und Traurigkeit zerspränge. Der Wagen aber sollte den jungen König in sein Reich

abholen. Der treue Heinrich hob beide hinein, stellte sich wieder hinten auf und war voller Freude über die Erlösung.

Und als sie ein Stück Wegs gefahren waren, hörte der Königssohn, dass es hinter ihm krachte, als wäre etwas zerbrochen. Da drehte er sich um und rief: „Heinrich, der Wagen bricht."

„Nein Herr, der Wagen nicht,
es ist ein Band von meinem Herzen,
das da lag in großen Schmerzen,
als Ihr in dem Brunnen saßt,
als Ihr eine Fretsche (Frosch) wast
(wart)."

Noch einmal und noch einmal krachte es auf dem Weg und der Königssohn meinte immer, der Wagen bräche und es waren doch nur die Bande, die vom Herzen des treuen Heinrich absprangen, weil sein Herr erlöst und glücklich war.

Frau Holle

Eine Witwe hatte zwei Töchter, davon war die eine schön und fleißig, die andere hässlich und faul. Sie hatte aber die hässliche und faule, weil sie ihre rechte Tochter war, viel lieber und die andere musste alle Arbeit tun und das Aschenputtel im Hause sein. Das arme Mädchen musste sich täglich auf die große Straße bei einem Brunnen setzen und musste so viel spinnen, dass ihm das Blut aus den Fingern sprang.

Nun trug es sich zu, dass die Spule einmal ganz blutig war. Da bückte es sich damit in den Brunnen und wollte sie abwaschen. Sie sprang ihm aber aus der Hand und fiel hinab. Es weinte, lief zur Stiefmutter und erzählte ihr das Unglück.

Sie schalt es aber so heftig und war so unbarmherzig, dass sie sprach: „Hast du die Spule hinunterfallen lassen, so hol sie auch wieder herauf."

Da ging das Mädchen zu dem Brunnen zurück und wusste nicht, was es anfangen sollte und in seiner Herzensangst sprang es in den Brunnen hinein, um die Spule zu holen.

Es verlor die Besinnung und als es erwachte und wieder zu sich selber kam, war es auf einer schönen Wiese, wo die Sonne schien und viel tausend Blumen standen. Auf dieser Wiese ging es fort und kam zu einem Backofen, der war

voller Brot. Das Brot aber rief: „Ach, zieh mich raus, zieh mich raus, sonst verbrenn' ich, ich bin schon längst ausgebacken."

Da trat es herzu und holte mit dem Brotschieber alles nacheinander heraus. Danach ging es weiter und kam zu einem Baum, der hing voll Äpfel und rief ihm zu: „Ach schüttel mich, schüttel mich, wir Äpfel sind alle miteinander reif."

Da schüttelte es den Baum, dass die Äpfel fielen, als regneten sie, und schüttelte, bis keiner mehr oben war. Und als es alle in einen Haufen zusammengelegt hatte, ging es wieder weiter.

Endlich kam es zu einem kleinen Haus, daraus guckte eine alte Frau, weil sie aber so große Zähne hatte, ward ihm angst und es wollte fortlaufen.

Die alte Frau aber rief ihm nach: „Was fürchtest du dich, liebes Kind? Bleib bei mir. Wenn du alle Arbeit im Hause ordentlich tun willst, so soll dir's gut gehen. Du musst nur acht geben, dass du mein Bett gut machst und es fleißig ausschüttelst, dass die Federn fliegen. Dann schneit es in der Welt; ich bin die Frau Holle."

Weil die Alte ihm so gut zusprach, so fasste sich das Mädchen ein Herz, willigte ein und begab sich in ihren Dienst. Es besorgte auch alles nach ihrer Zufriedenheit und schüttelte ihr das Bett immer gewaltig auf, dass die Federn wie Schneeflocken umherflogen. Dafür hatte es auch ein gutes Leben bei ihr, kein böses Wort und alle Tage Gesottenes und Gebratenes.

Nun war es eine Zeitlang bei der Frau Holle, da ward es traurig und wusste anfangs selbst nicht, was ihm fehlte.

Endlich merkte es, dass es Heimweh war, obgleich es ihm hier viel tausendmal besser ging als zu Haus, so hatte es doch ein Verlangen dahin.

Endlich sagte es zu ihr: „Ich habe den Jammer nach Haus gekriegt und wenn es mir auch noch so gut hier unten geht, so kann ich doch nicht länger bleiben, ich muss wieder hinauf zu den Meinigen."

Die Frau Holle sagte: „Es gefällt mir, dass du wieder nach Haus verlangst und weil du mir so treu gedient hast, so will ich dich selbst wieder hinaufbringen."

Sie nahm es darauf bei der Hand und führte es vor ein großes Tor. Das Tor ward aufgetan und wie das Mädchen gerade darunter stand, fiel ein gewaltiger Goldregen und alles Gold blieb an ihm hängen, sodass es über und über davon bedeckt war.

„Das sollst du haben, weil du so fleißig gewesen bist", sprach Frau Holle und gab ihm auch die Spule wieder, die in den Brunnen gefallen war.

Darauf ward das Tor verschlossen und das Mädchen befand sich oben auf der Welt, nicht weit von seiner Mutter Haus.

Und als es in den Hof kam, saß der Hahn auf dem Brunnen und rief:

125

„*Kikeriki,*
unsere goldene Jungfrau
ist wieder hie."

Da ging es hinein zu seiner Mutter, und weil es so mit Gold bedeckt ankam, ward es von ihr und der Schwester gut aufgenommen.

Das Mädchen erzählte alles, was ihm begegnet war und als die Mutter hörte, wie es zu dem großen Reichtum gekommen war, wollte sie der anderen, hässlichen und faulen Tochter gerne dasselbe Glück verschaffen. Sie musste sich an den Brunnen setzen und spinnen und damit die Spule blutig ward, stach sie sich in die Finger und stieß die Hand in die Dornenhecke. Dann warf sie die Spule in den Brunnen und sprang selber hinein.

Sie kam, wie die andere, auf die schöne Wiese und ging auf demselben Pfade weiter. Als sie zu dem Backofen gelangte, schrie das Brot wieder: „Ach zieh mich raus, zieh mich raus, sonst verbrenn' ich, ich bin schon längst ausgebacken."

Die Faule aber antwortete: „Da hätt' ich Lust, mich schmutzig zu machen", und ging fort.

Bald kam sie zu dem Apfelbaum, der rief: „Ach, schüttel mich, schüttel mich, wir Äpfel sind alle miteinander reif."

Sie antwortete aber: „Du kommst mir recht, es könnte mir einer auf den Kopf fallen", und ging damit weiter.

Als sie vor der Frau Holle Haus kam, fürchtete sie sich nicht, weil sie von ihren großen Zähnen schon gehört hatte und verdingte sich gleich zu ihr.

Am ersten Tag tat sie sich Gewalt an, war fleißig und folgte der Frau Holle, wenn sie ihr etwas sagte, denn sie dachte an das viele Gold, das sie ihr schenken würde.

Am zweiten Tag aber fing sie schon an zu faulenzen, am dritten noch mehr, da wollte sie morgens gar nicht aufstehen. Sie machte auch der Frau Holle Bett nicht, wie sich's gebührte und schüttelte es nicht, dass die Federn aufflogen.

Das ward die Frau Holle bald müde und sagte ihr den Dienst auf.

Die Faule war das wohl zufrieden und meinte, nun würde der Goldregen kommen. Die Frau Holle führte sie auch zu dem Tor, als sie aber darunter stand, ward statt des Goldes ein großer Kessel voll Pech ausgeschüttet.

„Das ist zur Belohnung deiner Dienste", sagte die Frau Holle und schloss das Tor zu.

Da kam die Faule heim, aber sie war ganz mit Pech bedeckt und der Hahn auf dem Brunnen, als er sie sah, rief:

„Kikeriki,
unsere schmutzige Jungfrau
ist wieder hie."

Das Pech aber blieb fest an ihr hängen und wollte, solange sie lebte, nicht abgehen.

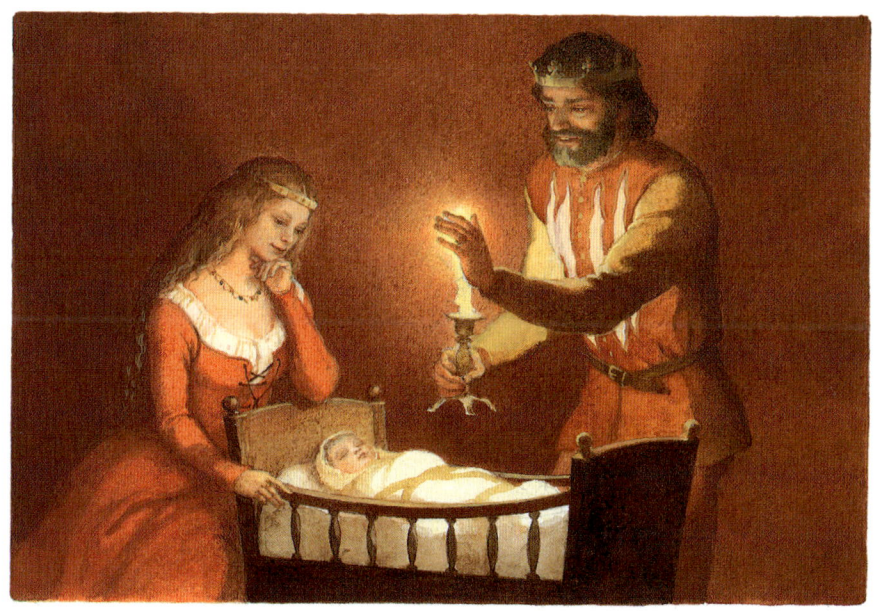

Dornröschen

Vor Zeiten war ein König und eine Königin, die sprachen jeden Tag: „Ach, wenn wir doch ein Kind hätten!", und kriegten immer keins.

Da trug es sich zu, als die Königin einmal im Bade saß, dass ein Frosch aus dem Wasser ans Land kroch und zu ihr sprach: „Dein Wunsch wird erfüllt wer-

den, ehe ein Jahr vergeht, wirst du eine Tochter zur Welt bringen."

Was der Frosch gesagt hatte, das geschah und die Königin gebar ein Mädchen, das war so schön, dass der König vor Freude sich nicht zu lassen wusste und ein großes Fest anstellte. Er lud nicht bloß seine Verwandten, Freunde und Bekannten, sondern auch die weisen Frauen dazu ein, damit sie dem Kind hold und gewogen wären.

Es waren ihrer dreizehn in seinem Reiche, weil er aber nur zwölf goldene Teller hatte, von welchen sie essen sollten, so musste eine von ihnen daheim bleiben. Das Fest ward mit aller Pracht gefeiert und als es zu Ende war, beschenkten die weisen Frauen das Kind

mit ihren Wundergaben: Die eine mit Tugend, die andere mit Schönheit, die dritte mit Reichtum und so mit allem, was auf der Welt zu wünschen ist.

Als elfe ihre Sprüche eben getan hatten, trat plötzlich die dreizehnte herein. Sie wollte sich dafür rächen, dass sie nicht eingeladen war und ohne jemand zu grüßen oder nur anzusehen, rief sie mit lauter Stimme: „Die Königstochter soll sich in ihrem fünfzehnten Jahr an einer Spindel stechen und tot hinfallen."

Und ohne ein Wort weiter zu sprechen, kehrte sie sich um und verließ den Saal. Alle waren erschrocken, da trat die zwölfte hervor, die ihren Wunsch noch übrig hatte und weil sie den bösen Spruch nicht aufheben, sondern ihn nur mildern konnte, so sagte sie: „Es soll aber kein Tod sein, sondern ein hundertjähriger, tiefer Schlaf, in welchen die Königstochter fällt." Der König, der sein liebes Kind vor dem Unglück gern bewahren wollte, ließ den Befehl ausgehen, dass alle Spindeln im ganzen Königreiche sollten verbrannt werden.

An dem Mädchen aber wurden die Gaben der weisen Frauen sämtlich erfüllt, denn es war so schön, sittsam, freundlich und verständig, dass es jedermann, der es ansah, lieb haben musste.

Es geschah, dass an dem Tage, wo es gerade fünfzehn Jahre alt ward, der König und die Königin nicht zu Hause waren und das Mädchen ganz alleine im Schloss zurückblieb.

Da ging es aller Orten herum, besah Stuben und Kammern, wie es Lust hatte und kam endlich auch an einen

alten Turm. Es stieg die enge Wendel-
treppe hinauf und gelangte zu einer
kleinen Türe. In dem Schloss steckte
ein verrosteter Schlüssel und als es ihn
umdrehte, sprang die Türe auf und saß
da in einem kleinen Stübchen eine alte
Frau mit einer Spindel und spann emsig
ihren Flachs.

„Guten Tag, du altes Mütterchen",
sprach die Königstochter, „was machst
du da?"

„Ich spinne", sagte die Alte und nickte
mit dem Kopf.

„Was ist das für ein Ding, das so lustig
herumspringt?", sprach das Mädchen,
nahm die Spindel und wollte auch spinnen.

Kaum hatte sie aber die Spindel angerührt, so ging der Zauberspruch in Er-
füllung und sie stach sich damit in den
Finger. In dem Augenblick aber, wo sie
den Stich empfand, fiel sie auf das Bett

nieder, das da stand und lag in einem tiefen Schlaf.

Und dieser Schlaf verbreitete sich über das ganze Schloss: Der König und die Königin, die eben heimgekommen waren und in den Saal getreten waren, fingen an, einzuschlafen und der ganze Hofstaat mit ihnen. Da schliefen auch die Pferde im Stall, die Hunde im Hof, die Tauben auf dem Dache, die Fliegen an der Wand, ja, das Feuer, das auf dem Herd flackerte, ward still und schlief ein und der Braten hörte auf zu brutzeln. Und der Koch, der den Küchenjungen, weil er etwas versehen hatte, in den Haaren ziehen wollte, ließ ihn los und schlief. Und der Wind legte sich und auf den Bäumen vor dem Schloss regte sich kein Blättchen mehr.

Rings um das Schloss aber begann eine Dornenhecke zu wachsen, die jedes Jahr höher und höher ward und endlich das ganze Schloss umzog und darüber hinaus wuchs, dass gar nichts mehr davon zu sehen war, selbst nicht die Fahne auf dem Dach.

Es ging aber die Sage in dem Land von dem schönen, schlafenden Dornröschen, denn so ward die Königstochter genannt, also dass von Zeit zu Zeit Königssöhne kamen und durch die Hecke in das Schloss dringen wollten. Es war ihnen aber nicht möglich, denn die Dornen, als hätten sie Hände, hielten fest zusammen und die Jünglinge blieben darin hängen, konnten sich nicht wieder losmachen und starben eines jämmerlichen Todes.

Nach langen, langen Jahren kam wieder einmal ein Königssohn in das Land und hörte, wie ein alter Mann von der Dornenhecke erzählte. Es sollte ein Schloss dahinter stehen, in welchem eine gar wunderschöne Königstochter, Dornröschen genannt, schon seit hundert Jahren schliefe und mit ihr schliefe der König und die Königin und der ganze Hofstaat. Er wusste auch von seinem Großvater, dass schon viele Königssöhne gekommen wären und versucht hätten, durch die Dornenhecke zu dringen, aber sie wären darin hängen geblieben und eines traurigen Todes gestorben.

Da sprach der Jüngling: „Ich fürchte mich nicht, ich will hinaus und das schöne Dornröschen sehen."

Der gute Alte mochte ihm abraten, wie er wollte, er hörte nicht auf seine Worte. Nun waren aber gerade die hundert Jahre verflossen und der Tag war gekommen, wo Dornröschen wieder erwachen sollte.

Als der Königssohn sich der Dornenhecke näherte, waren es lauter große, schöne Blumen, die taten sich von selbst auseinander und ließen ihn unbeschädigt hindurch und hinter ihm taten sie sich wieder als Hecke zusammen.

Im Schlosshof sah er die Pferde und scheckigen Jagdhunde liegen und schlafen. Auf dem Dache saßen die Tauben und hatten das Köpfchen unter den Flügel gesteckt. Und als er ins Haus kam, schliefen die Fliegen an der Wand, der Koch in der Küche hielt noch die Hand, als wollte er den Jungen anpacken und die Magd saß vor dem schwarzen Huhn, das sollte gerupft werden.

Da ging er weiter und sah im Saale den ganzen Hofstaat liegen und schlafen und oben bei dem Throne lag der König und die Königin.

Da ging er noch weiter und alles war so still, dass einer seinen Atem hören konnte, und endlich kam er zu dem Turm und öffnete die Türe zu der kleinen Stube, in welcher Dornröschen schlief.

Da lag es und war so schön, dass er die Augen nicht abwenden konnte und er bückte sich und gab ihm einen Kuss. Wie er es mit dem Kuss berührt hatte,

schlug Dornröschen die Augen auf, erwachte und blickte ihn ganz freundlich an.

Da gingen sie zusammen herab und der König erwachte und die Königin und der ganze Hofstaat und sahen einander mit großen Augen an.

Und die Pferde im Hof standen auf und rüttelten sich, die Jagdhunde sprangen und wedelten, die Tauben auf dem Dache zogen das Köpfchen unterm Flügel hervor, sahen umher und flogen ins Feld, die Fliegen an den Wänden krochen weiter, das Feuer in der Küche erhob sich, flackerte und kochte das Essen, der Braten fing wieder an zu brutzeln, der Koch gab dem Jungen eine Ohrfeige, dass er schrie, und die Magd rupfte das Huhn fertig.

Und da wurde die Hochzeit des Königssohns mit dem Dornröschen in aller Pracht gefeiert und sie lebten vergnügt bis an ihr Ende.

Rumpelstilzchen

Es war einmal ein Müller, der war arm, aber er hatte eine schöne Tochter. Nun traf es sich, dass er mit dem König zu sprechen kam und um sich ein Ansehen zu geben, sagte er zu ihm: „Ich habe eine Tochter, die kann Stroh zu Gold spinnen."

Der König sprach zum Müller: „Das ist eine Kunst, die mir wohl gefällt! Wenn deine Tochter so geschickt ist, wie du sagst, so bring sie morgen in mein Schloss, da will ich sie auf die Probe stellen." Als nun das Mädchen zu ihm gebracht ward, führte er es in eine Kam-

137

mer, die ganz voll Stroh lag, gab ihr Rad und Haspel und sprach: „Jetzt mache dich an die Arbeit und wenn du diese Nacht durch bis morgen Früh dieses Stroh nicht zu Gold versponnen hast, so musst du sterben." Darauf schloss er die Kammer selbst zu und sie blieb allein darin.

Da saß nun die arme Müllerstochter und wusste um ihr Leben keinen Rat: Sie verstand gar nichts davon, wie man Stroh zu Gold spinnen konnte und ihre Angst ward immer größer, dass sie endlich zu weinen anfing.

Da ging auf einmal die Türe auf und es trat ein kleines Männlein herein und sprach: „Guten Abend, Jungfer Müllerin, warum weint sie so sehr?"

„Ach", antwortete das Mädchen, „ich soll Stroh zu Gold spinnen und verstehe das nicht."

Sprach das Männchen: „Was gibst du mir, wenn ich dir's spinne?"

„Mein Halsband", sagte das Mädchen.

Das Männchen nahm das Halsband, setzte sich vor das Rädchen und schnurr, schnurr, schnurr, dreimal gezogen, war die Spule voll.

Dann steckte es eine andere auf und schnurr, schnurr, schnurr, dreimal gezogen, war auch die zweite voll und so ging's fort bis zum Morgen, da war alles Stroh versponnen und alle Spulen waren voll Gold.

Bei Sonnenaufgang kam schon der König und als er das Gold erblickte, erstaunte er und freute sich, aber sein Herz ward nur noch goldgieriger. Er ließ die Müllerstochter in eine andere Kammer voll Stroh bringen, die noch viel größer war und befahl ihr, das auch in einer Nacht zu spinnen, wenn ihr das Leben lieb wäre.

Das Mädchen wusste sich nicht zu helfen und weinte. Da ging abermals die Türe auf und das kleine Männchen erschien und sprach: „Was gibst du mir, wenn ich dir das Stroh zu Gold spinne?" „Meinen Ring von dem Finger", antwortete das Mädchen.

Das Männchen nahm den Ring, fing wieder an zu schnurren mit dem Rad und hatte bis zum Morgen alles Stroh zu glänzendem Gold gesponnen.

Der König freute sich über die Maßen bei dem Anblick, war aber noch immer nicht des Goldes satt, sondern ließ die Müllerstochter in eine noch größere Kammer voll Stroh bringen und sprach: „Die musst du noch in dieser Nacht verspinnen. Gelingt dir's aber, so sollst du meine Gemahlin werden."

„Wenn's auch eine Müllerstochter ist", dachte er, „eine reichere Frau finde ich in der ganzen Welt nicht."

Als das Mädchen allein war, kam das Männlein zum dritten Mal wieder und sprach: „Was gibst du mir, wenn ich dir noch diesmal das Stroh spinne?"
„Ich habe nichts mehr, das ich geben könnte", antwortete das Mädchen.
„So versprich mir, wenn du Königin wirst, dein erstes Kind."
„Wer weiß, wie das noch geht", dachte die Müllerstochter und wusste sich auch in der Not nicht anders zu helfen. Sie versprach also dem Männchen, was es verlangte und das Männchen spann dafür noch einmal das Stroh zu Gold. Und als am Morgen der König kam und alles fand wie er gewünscht hatte, so hielt er Hochzeit mit ihr und die schöne Müllerstochter ward eine Königin.

Über ein Jahr brachte sie ein schönes Kind zur Welt und dachte gar nicht mehr an das Männchen. Da trat es plötzlich in ihre Kammer und sprach: „Nun gib mir, was du versprochen hast."

Die Königin erschrak und bot dem Männchen alle Reichtümer des Königreichs an, wenn es ihr das Kind lassen wollte, aber das Männchen sprach: „Nein! Etwas Lebendes ist mir lieber als alle Schätze der Welt."

Da fing die Königin so an zu jammern und zu weinen, dass das Männchen Mitleid mit ihr hatte: „Drei Tage will ich dir Zeit lassen", sprach es, „wenn du bis dahin meinen Namen weißt, so sollst du dein Kind behalten."

Nun besann sich die Königin die ganze Nacht über auf alle Namen, die sie jemals gehört hatte und schickte einen Boten über Land, der sollte sich erkundigen weit und breit, was es sonst noch für Namen gäbe. Als am anderen Tag das Männchen kam, fing sie an mit Kaspar, Melchior, Balzer und sagte alle Namen, die sie wusste, nach der Reihe her, aber bei jedem sprach das Männlein: „So heiß' ich nicht."

Den zweiten Tag ließ sie in der Nachbarschaft herumfragen, wie die Leute da genannt würden und sagte dem Männlein die ungewöhnlichsten und seltsamsten Namen vor: „Heißt du vielleicht Rippenbiest oder Hammelswade oder Schnürbein?"

Aber es antwortete immer: „So heiß' ich nicht."

Den dritten Tag kam der Bote wieder zurück und erzählte: „Neue Namen habe ich keinen einzigen finden können, aber wie ich an einem hohen Berg um die Waldecke kam, wo Fuchs und Has sich gute Nacht sagen, so sah ich da ein kleines Haus und vor dem Haus brannte ein Feuer und um das Feuer sprang ein gar zu lächerliches Männchen, hüpfte auf einem Bein und schrie: ‚Heute back' ich, morgen brau' ich, übermorgen hol' ich der Königin ihr Kind. Ach, wie gut ist, dass niemand weiß, dass ich Rumpelstilzchen heiß'!"

Da könnt ihr denken, wie die Königin froh war, als sie den Namen hörte und als bald hernach das Männlein hereintrat und fragte: „Nun, Frau Königin, wie heiß' ich?", fragte sie erst: „Heißest du Kunz?" – „Nein." – „Heißest du Heinz?" – „Nein." – „Heißt du etwa Rumpelstilzchen?"

„Das hat dir der Teufel gesagt, das hat dir der Teufel gesagt", schrie das Männlein und stieß mit dem rechten Fuß vor Zorn so tief in die Erde, dass es bis an den Leib hineinfuhr. Dann packte es in seiner Wut den linken Fuß mit beiden Händen und riß sich selbst mitten entzwei.

Der gestiefelte Kater

Ein Müller hatte drei Söhne, seine Mühle, einen Esel und einen Kater. Die Söhne mussten mahlen, der Esel Getreide holen und Mehl forttragen und die Katz die Mäuse wegfangen. Als der Müller starb, teilten sich die drei Söhne die Erbschaft: Der älteste bekam die Mühle, der zweite den Esel, der dritte den Kater, weiter blieb nichts für ihn übrig.

Da war er traurig und sprach zu sich selbst: „Ich hab es doch am allerschlimmsten gekriegt. Mein ältester Bruder kann mahlen, mein zweiter kann auf

seinem Esel reiten. Was kann ich mit
dem Kater anfangen? Lass ich mir ein
Paar Pelzhandschuhe aus seinem Fell
machen, so ist's vorbei."

„Hör", fing der Kater an, der alles
verstanden hatte, was er gesagt, „du
brauchst mich nicht zu töten, um ein
Paar schlechte Handschuh aus meinem
Pelz zu kriegen. Lass mir nur ein Paar
Stiefel machen, dass ich ausgehenkann
und mich unter den Leuten sehen lassen, dann soll dir bald geholfen sein."

Der Müllerssohn verwunderte sich, dass
der Kater so sprach. Weil aber eben
der Schuster vorbeiging, rief er ihn
herein und ließ ihm ein Paar Stiefel

anmessen. Als sie fertig waren, zog sie der Kater an, nahm einen Sack, machte den Boden desselben voll Korn, oben aber eine Schnur daran, womit man ihn zuziehen konnte. Dann warf er ihn über den Rücken und ging auf zwei Beinen, wie ein Mensch, zur Tür hinaus.

Dazumal regierte ein König in dem Land, der aß die Rebhühner so gern. Es war aber eine Not, dass keine zu kriegen waren. Der ganze Wald war voll, aber sie waren so scheu, dass kein Jäger sie erreichen konnte. Das wusste der Kater und gedachte, seine Sache besser zu machen.

Als er in den Wald kam, tat er den Sack auf, breitete das Korn auseinander, die Schnur aber legte er ins Gras und leitete sie hinter einen Zaun. Da versteckte er

sich selber, schlich herum und lauerte. Die Rebhühner kamen bald gelaufen, fanden das Korn und eins nach dem andern hüpfte in den Sack hinein.

Als eine gute Anzahl darin war, zog der Kater den Strick zu, lief herzu und drehte ihnen den Hals um.

Dann warf er den Sack auf den Rücken und ging geradeswegs nach des Königs Schloss.

Die Wache rief: „Halt! Wohin?" – „Zum König", antwortete der Kater kurzweg. – „Bist du toll, ein Kater zum König?" – „Lasst ihn nur gehen", sagte ein anderer, „der König hat doch oft Langeweil, vielleicht macht ihm der Kater mit seinem Brummen und Spinnen Vergnügen."

Als der Kater vor den König kam, machte er eine Reverenz und sagte: „Mein Herr, der Graf," – dabei nannte er einen langen und vornehmen Namen – „lässt sich dem Herrn König empfehlen und schickt ihm hier Rebhühner, die er eben in Schlingen gefangen hat."

Der König erstaunte über die schönen, fetten Rebhühner, wusste sich vor Freude nicht zu lassen und befahl, dem Kater so viel Gold aus der Schatzkammer in den Sack zu tun, als er tragen könne: „Das bring deinem Herrn und

dank ihm noch vielmal für sein Geschenk."

Der arme Müllerssohn aber saß zu Haus am Fenster, stützte den Kopf auf die Hand und dachte, dass er nun sein Letztes für die Stiefel des Katers weggegeben und was werde ihm der Großes dafür bringen können.

Da trat der Kater herein, warf den Sack vom Rücken, schnürte ihn auf und schüttelte das Gold vor den Müller hin: „Da hast du etwas für die Stiefel, der König lässt dich auch grüßen und dir viel Dank sagen."

Der Müller war froh über den Reichtum, ohne dass er noch recht begreifen

andern Tag ging der Kater, wie er gesagt hatte, wohl gestiefelt, wieder auf die Jagd und brachte dem König einen reichen Fang. So ging es alle Tage, und der Kater brachte alle Tage Gold heim und ward so beliebt wie einer bei dem König, dass er aus- und eingehen durfte und im Schloss herumstreichen, wo er wollte.

Einmal stand der Kater in der Küche des Königs beim Herd und wärmte sich, da kam der Kutscher und fluchte: „Ich wünsch', der König mit der Prinzessin wär beim Henker! Ich wollt' ins Wirtshaus gehen und einmal trinken und Karten spielen, da soll ich sie spazieren fahren an den See."

Wie der Kater das hörte, schlich er nach Haus und sagte zu seinem Herrn: „Wenn du willst ein Graf und reich werden, so komm mit mir hinaus an den See und bad' dich darin."

Der Müller wusste nicht, was er dazu sagen sollte, doch folgte er dem Kater, ging mit ihm, zog sich splitternackt aus und sprang ins Wasser. Der Kater aber nahm seine Kleider, trug sie fort und versteckte sie. Kaum war er damit fertig, da kam der König dahergefahren. Der Kater fing sogleich an, erbärmlich zu lamentieren: „Ach! Allergnädigster

konnte, wie es zugegangen war. Der Kater aber, während er seine Stiefel auszog, erzählte ihm alles, dann sagte er: „Du hast zwar jetzt Geld genug, aber dabei soll es nicht bleiben. Morgen zieh ich meine Stiefel wieder an, du sollst noch reicher werden, dem König hab ich gesagt, dass du ein Graf bist." Am

König! Mein Herr, der Graf, hat sich hier im See gebadet, da ist ein Dieb gekommen und hat ihm die Kleider gestohlen, die am Ufer lagen, nun ist der Herr Graf im Wasser und kann nicht heraus und wenn er länger darin bleibt, wird er sich erkälten und sterben."

Wie der König das hörte, ließ er haltmachen und einer von seinen Leuten musste zurückjagen und von des Königs Kleidern holen. Der Herr Graf zog die prächtigsten Kleider an und weil ihm ohnehin der König wegen der Rebhühner, die er meinte von ihm empfangen zu haben, gewogen war, so musste er sich zu ihm in die Kutsche setzen.

Die Prinzessin war auch nicht bös darüber, denn der Graf war jung und schön und gefiel ihr gut.

Der Kater aber war vorausgegangen und zu einer großen Wiese gekommen, wo über hundert Leute waren und Heu

148

machten. „Wem ist die Wiese, ihr Leute?", fragte der Kater. – „Dem großen Zauberer." – „Hört, jetzt wird der König bald vorbeifahren. Wenn er fragt, wem die Wiese gehört, so antwortet: dem Grafen. Wenn ihr das nicht tut, so werdet ihr alle totgeschlagen."

Darauf ging der Kater weiter und kam an ein Kornfeld, so groß, dass es niemand übersehen konnte, da standen mehr als zweihundert Leute und schnitten Korn.

„Wem ist das Korn, ihr Leute?" – „Dem Zauberer." – „Hört, jetzt wird der König vorbeifahren. Wenn er fragt, wem das Korn gehört, so antwortet: dem Grafen. Wenn ihr das nicht tut, so werdet ihr alle totgeschlagen."

Endlich kam der Kater an einen prächtigen Wald, da standen mehr als dreihundert Leute, fällten die großen Eichen und machten Holz. „Wem ist der Wald, ihr Leute?" –„Dem Zauberer." – „Hört,

jetzt wird der König vorbeifahren. Wenn er fragt, wem der Wald gehört, so antwortet: dem Grafen. Wenn ihr das nicht tut, so werdet ihr alle umgebracht."

Der Kater ging noch weiter, die Leute sahen ihm alle nach und weil er so wunderlich aussah und wie ein Mensch in Stiefeln daherging, fürchteten sie sich vor ihm. Er kam bald an des Zauberers Schloss, trat keck hinein und vor ihn hin.

Der Zauberer sah ihn verächtlich an und fragte ihn, was er wolle.

Der Kater machte eine Reverenz und sagte: „Ich habe gehört, dass du in jedes Tier nach deinem Gefallen dich verwandeln könntest. Was einen Hund, Fuchs oder auch Wolf betrifft, da will ich es wohl glauben, aber von einem Elefant, das scheint mir ganz unmög-

lich und deshalb bin ich gekommen, um mich selbst zu überzeugen."

Der Zauberer sagte stolz: „Das ist mir eine Kleinigkeit", und war in dem Augenblick in einen Elefanten verwandelt. „Das ist viel. Aber auch in einen Löwen?" – „Das ist auch nichts", sagte der Zauberer und stand als Löwe vor dem Kater.

Der Kater stellte sich erschrocken und rief: „Das ist unglaublich und unerhört, dergleichen hätt' ich mir nicht im Traume in die Gedanken kommen lassen. Aber noch mehr als alles andere wäre es, wenn du dich auch in ein so kleines Tier, wie eine Maus ist, verwandeln könntest. Du kannst gewiss mehr als irgendein Zauberer auf der Welt, aber das wird dir doch zu hoch sein."

Der Zauberer ward ganz freundlich von den süßen Worten und sagte: „O ja, liebes Kätzchen, das kann ich auch", und sprang als eine Maus im Zimmer herum. Der Kater war hinter ihm her, fing die Maus mit einem Sprung und fraß sie auf. Der König aber war mit dem Grafen und der Prinzessin weiter spazierengefahren und kam zu der großen Wiese. „Wem gehört das Heu?", fragte der König. – „Dem Herrn Grafen", riefen alle, wie der Kater ihnen befohlen hatte. – „Ihr habt da ein schönes Stück Land, Herr Graf", sagte er.

Danach kamen sie an das große Kornfeld. „Wem gehört das Korn, ihr Leute?" – „Dem Herrn Grafen." – „Ei! Herr Graf, große, schöne Ländereien!"

Darauf zu dem Wald: „Wem gehört das Holz, ihr Leute?"– „Dem Herrn Grafen."

Der König verwunderte sich noch mehr und sagte: „Ihr müsst ein reicher Mann sein, Herr Graf. Ich glaube nicht, dass ich einen so prächtigen Wald habe."

Endlich kamen sie an das Schloss, der Kater stand oben an der Treppe und als der Wagen unten hielt, sprang er herab, machte die Türe auf und sagte: „Herr König, Ihr gelangt hier in das Schloss meines Herrn, des Grafen, den diese Ehre für sein Lebtag glücklich machen wird."

Der König stieg aus und verwunderte sich über das prächtige Gebäude, das fast größer und schöner war als sein Schloss. Der Graf aber führte die Prinzessin die Treppe hinauf in den Saal, der ganz von Gold und Edelsteinen flimmerte.

Da ward die Prinzessin dem Grafen versprochen und als der König starb, ward er König, der gestiefelte Kater aber erster Minister.

Sneewittchen *

Es war einmal mitten im Winter und die Schneeflocken fielen wie Federn vom Himmel herab, da saß eine Königin an einem Fenster, das einen Rahmen von schwarzem Ebenholz hatte und nähte. Und wie sie so nähte und nach dem Schnee aufblickte, stach sie sich mit der Nadel in den Finger und es fielen drei Tropfen Blut in den Schnee. Und weil das Rote im weißen Schnee so schön aussah, dachte sie bei sich: „Hätt' ich ein Kind, so weiß wie Schnee, so rot wie Blut und so schwarz wie das Holz an dem Rahmen."

derbaren Spiegel, wenn sie vor den trat und sich darin beschaute, sprach sie: „Spieglein, Spieglein an der Wand, wer ist die Schönste im ganzen Land?", so antwortete der Spiegel: „Frau Königin, Ihr seid die Schönste im Land."

Da war sie zufrieden, denn sie wusste, dass der Spiegel die Wahrheit sagte. Sneewittchen aber wuchs heran und wurde immer schöner und als es sieben Jahre alt war, war es so schön wie der klare Tag und schöner als die Königin selbst.

Als diese einmal ihren Spiegel fragte: „Spieglein, Spieglein an der Wand, wer ist die Schönste im ganzen Land?", so antwortete er: „Frau Königin, Ihr seid die Schönste hier, aber Sneewittchen ist tausendmal schöner als Ihr."

Da erschrak die Königin und ward gelb und grün vor Neid. Von Stund an, wenn sie Sneewittchen erblickte, kehrte sich ihr das Herz im Leibe herum, so hasste sie das Mädchen. Und der Neid und Hochmut wuchsen wie ein Unkraut in ihrem Herzen immer höher, dass sie Tag und Nacht keine Ruhe mehr hatte.

Da rief sie einen Jäger und sprach: „Bring' das Kind hinaus in den Wald, ich will's nicht mehr vor meinen Augen sehen. Du sollst es töten und mir Lunge

Bald darauf bekam sie ein Töchterlein, das war so weiß wie Schnee, so rot wie Blut und so schwarzhaarig wie Ebenholz und ward darum Sneewittchen genannt. Und wie das Kind geboren war, starb die Königin.

Über ein Jahr nahm sich der König eine andere Gemahlin. Es war eine schöne Frau, aber sie war stolz und übermütig und konnte nicht leiden, dass sie an Schönheit von jemand sollte übertroffen werden. Sie hatte einen wun-

und Leber zum Wahrzeichen mitbringen."

Der Jäger gehorchte und führte es hinaus und als er den Hirschfänger gezogen hatte und Sneewittchens unschuldiges Herz durchbohren wollte, fing es an zu weinen und sprach: „Ach, lieber Jäger, lass mir mein Leben. Ich will in den wilden Wald laufen und nimmermehr wieder heimkommen."

Und weil es so schön war, hatte der Jäger Mitleiden und sprach: „So lauf hin, du armes Kind." – „Die wilden Tiere werden dich bald gefressen haben", dachte

er und doch war's ihm, als wär' ein Stein von seinem Herzen gewälzt, weil er es nicht zu töten brauchte. Und als gerade ein junger Frischling dahergesprungen kam, stach er ihn ab, nahm Lunge und Leber heraus und brachte sie als Wahrzeichen der Königin mit. Der Koch musste sie in Salz kochen und das boshafte Weib aß sie auf und meinte, sie hätte Sneewittchens Lunge und Leber gegessen.

Nun war das arme Kind in dem großen Wald mutterseelig allein und es ward ihm so angst, dass es alle Blätter an den Bäumen ansah und nicht wusste, wie es sich helfen sollte. Da fing es an zu laufen und lief über die spitzen Steine und durch die Dornen und die wilden Tiere sprangen an ihm vorbei, aber sie taten ihm nichts.

Es lief, solange nur die Füße noch fort konnten, bis es bald Abend werden wollte. Da sah es ein kleines Häuschen und ging hinein, sich zu ruhen. In dem Häuschen war alles klein, aber so zierlich und reinlich, dass es nicht zu sagen ist. Da stand ein weiß gedecktes Tischlein mit sieben kleinen Tellern, jedes Tellerlein mit seinem Löffelein, ferner sieben Messerlein und Gäbelein und sieben Becherlein.

An der Wand waren sieben Bettlein nebeneinander aufgestellt und schneeweiße Laken darüber gedeckt.

Sneewittchen, weil es so hungrig und durstig war, aß von jedem Tellerlein ein wenig Gemüs und Brot und trank aus jedem Becherlein einen Tropfen Wein. Hernach, weil es so müde war, legte es sich in ein Bettchen, aber keins passte: Das eine war zu lang, das andere zu kurz, bis endlich das siebente recht war und darin blieb es liegen, befahl sich Gott und schlief ein.

Als es ganz dunkel geworden war, kamen die Herren von dem Häuslein, das waren die sieben Zwerge, die in den Bergen nach Erz hackten und gruben. Sie zündeten ihre sieben Lichtlein an und wie es nun hell im Häuslein ward, sahen sie, dass jemand darin gewesen war, denn es stand nicht alles so in der Ordnung, wie sie es verlassen hatten.

Der erste sprach: „Wer hat auf meinem Stühlchen gesessen?" – Der zweite: „Wer hat von meinem Tellerchen gegessen?"– Der dritte: „Wer hat von meinem Brötchen genommen?"– Der vierte: „Wer hat von meinem Gemüschen gegessen?" – Der fünfte: „Wer hat mit meinem Gäbelchen gestochen?" – Der sechste: „Wer hat mit meinem

Messerchen geschnitten?" – Der siebte: „Wer hat aus meinem Becherlein getrunken?"

Dann sah sich der erste um und sah, dass auf seinem Bett eine kleine Delle war, da sprach er: „Wer hat in mein Bettchen getreten?" – Die andern kamen gelaufen und riefen: „In meinem hat auch jemand gelegen." – Der siebente aber, als er in sein Bett sah, erblickte Sneewittchen, das lag darin und schlief. Nun rief er die andern, die kamen herbeigelaufen und schrieen vor Verwunderung, holten ihre sieben Lichtlein und beleuchteten Sneewittchen.

„Ei, du mein Gott! Ei, du mein Gott!", riefen sie. „Was ist das Kind so schön!", und hatten so große Freude, dass sie es nicht aufweckten, sondern im Bettlein fortschlafen ließen. Der siebente Zwerg aber schlief bei seinen Gesellen, bei jedem eine Stunde, da war die Nacht herum.

Als es Morgen war, erwachte Sneewittchen und wie es die sieben Zwerge sah,

erschrak es. Sie waren aber freundlich und fragten: „Wie heißt du?" – „Ich heiße Sneewittchen", antwortete es.

„Wie bist du in unser Haus gekommen?", sprachen weiter die Zwerge.

Da erzählte es ihnen, dass seine Stiefmutter es hätte wollen umbringen lassen, der Jäger hätte ihm aber das Leben geschenkt und da wär' es gelaufen den ganzen Tag, bis es endlich ihr Häuslein gefunden hätte.

Die Zwerge sprachen: „Willst du unsern Haushalt versehen, kochen, betten, waschen, nähen und stricken und willst du alles ordentlich und reinlich halten, so kannst du bei uns bleiben und es soll dir an nichts fehlen."

„Ja", sagte Sneewittchen, „von Herzen gern", und blieb bei ihnen. Es hielt ihnen das Haus in Ordnung: Morgens gingen sie in die Berge und suchten Erz und Gold, abends kamen sie wieder und da musste ihr Essen bereit sein. Den Tag über war das Mädchen allein, da warnten es die guten Zwerglein und sprachen: „Hüte dich vor deiner Stief-

mutter, die wird bald wissen, dass du hier bist. Lass ja niemand herein."

Die Königin aber, nachdem sie Sneewittchens Lunge und Leber glaubte gegessen zu haben, dachte nicht anders, als sie wäre wieder die Erste und Allerschönste, trat vor den Spiegel und sprach: „Spieglein, Spieglein an der Wand, wer ist die Schönste im ganzen Land?"

Da antwortete der Spiegel: „Frau Königin, Ihr seid die Schönste hier, aber Sneewittchen über den Bergen bei den sieben Zwergen ist noch tausendmal schöner als Ihr."

Da erschrak sie, denn sie wusste, dass der Spiegel keine Unwahrheit sprach und merkte, dass der Jäger sie betrogen hatte und Sneewittchen noch am Leben war. Und da sann und sann sie aufs Neue, wie sie es umbringen wollte, denn solange sie nicht die Schönste war im ganzen Land, ließ ihr der Neid keine Ruhe. Und als sie sich endlich etwas ausgedacht hatte, färbte sie sich das Gesicht und kleidete sich wie eine alte Krämerin und war ganz unkenntlich.

In dieser Gestalt ging sie über die sieben Berge zu den sieben Zwergen, klopfte an die Türe und rief: „Schöne Ware, feil, feil!"

Sneewittchen guckte zum Fenster heraus und rief: „Guten Tag, liebe Frau, was habt ihr zu verkaufen?"

„Gute Ware, schöne Ware", antwortete sie, „Schnürriemen von allen Farben", und holte einen hervor, der aus bunter Seide geflochten war.

„Die ehrliche Frau kann ich hereinlassen", dachte Sneewittchen, riegelte die Türe auf und kaufte sich den hübschen Schnürriemen.

„Kind", sprach die Alte, „wie du aussiehst, komm, ich will dich einmal ordentlich schnüren."

Sneewittchen hatte kein Arg, stellte sich vor sie und ließ sich mit dem neuen Schnürriemen schnüren: Aber die Alte schnürte geschwind und schnürte so fest, dass dem Sneewittchen der Atem verging und es für tot hinfiel.

„Nun bist du die Schönste gewesen", sprach sie und eilte hinaus.

Nicht lange darauf, zur Abendzeit, kamen die sieben Zwerge nach Haus, aber wie erschraken sie, als sie ihr liebes Sneewittchen auf der Erde liegen sahen und es regte und bewegte sich nicht, als wäre es tot. Sie hoben es in die Höhe und weil sie sahen, dass es zu fest geschnürt war, schnitten sie den Schnürriemen entzwei: Da fing es an, ein

wenig zu atmen und ward nach und nach wieder lebendig.

Als die Zwerge hörten, was geschehen war, sprachen sie: „Die alte Krämerfrau war niemand als die gottlose Königin. Hüte dich und lass keinen Menschen herein, wenn wir nicht bei dir sind."

Das böse Weib aber, als es nach Hause gekommen war, ging vor den Spiegel und fragte: „Spieglein, Spieglein an der Wand, wer ist die Schönste im ganzen Land?"

Da antwortete er wie sonst: „Frau Königin, Ihr seid die Schönste hier, aber Sneewittchen über den Bergen bei den sieben Zwergen ist noch tausendmal schöner als Ihr."

Als sie das hörte, lief ihr alles Blut zum Herzen, so erschrak sie, denn sie sah wohl, dass Sneewittchen wieder lebendig geworden war.

„Nun aber", sprach sie, „will ich etwas aussinnen, das dich zugrunde richten soll", und mit Hexenkünsten, die sie verstand, machte sie einen giftigen Kamm. Dann verkleidete sie sich und nahm die Gestalt eines andern alten Weibes an. So ging sie hin und über die sieben Berge zu den sieben Zwergen, klopfte an die Türe und rief: „Gute Ware, feil, feil!"

Sneewittchen schaute heraus und sprach: „Geht nur weiter, ich darf niemand hereinlassen."

„Das Ansehen wird dir doch erlaubt sein", sprach die Alte, zog den giftigen Kamm heraus und hielt ihn in die Höhe. Da gefiel er dem Kinde so gut, dass es sich betören ließ und die Türe öffnete.

Als sie des Kaufs einig waren, sprach die Alte: „Nun will ich dich einmal ordentlich kämmen."

Das arme Sneewittchen dachte an nichts und ließ die Alte gewähren, aber kaum hatte sie den Kamm in die Haare gesteckt, als das Gift darin wirkte und das Mädchen ohne Besinnung niederfiel.

„Du Ausbund von Schönheit," sprach das boshafte Weib, „jetzt ist's um dich geschehen", und ging fort.

Zum Glück aber war es bald Abend, wo die sieben Zwerglein nach Haus kamen. Als sie Sneewittchen wie tot auf der Erde liegen sahen, hatten sie gleich die Stiefmutter in Verdacht, suchten nach und fanden den giftigen Kamm und kaum hatten sie ihn herausgezogen, so kam Sneewittchen wieder zu sich und erzählte, was vorgegangen war. Da warnten sie es noch einmal, auf seiner

Hut zu sein und niemand die Türe zu öffnen.

Die Königin stellte sich daheim vor den Spiegel und sprach: „Spieglein, Spieglein an der Wand, wer ist die Schönste im ganzen Land?"

Da antwortete er wie vorher: „Frau Königin, Ihr seid die Schönste hier, aber Sneewittchen über den Bergen bei den sieben Zwergen ist noch tausendmal schöner als Ihr."

Als sie den Spiegel so reden hörte, zitterte und bebte sie vor Zorn. „Snee-wittchen soll sterben", rief sie, „und wenn es mein eignes Leben kostet."

Darauf ging sie in eine ganz verborgene einsame Kammer, wo niemand hinkam und machte da einen giftigen, giftigen Apfel. Äußerlich sah er schön aus, weiß mit roten Backen, dass jeder, der ihn erblickte, Lust danach bekam, aber wer ein Stückchen davon aß, der musste sterben.

Als der Apfel fertig war, färbte sie sich das Gesicht und verkleidete sich in eine Bauersfrau und so ging sie über die

sieben Berge zu den sieben Zwergen. Sie klopfte an, Sneewittchen streckte den Kopf zum Fenster heraus und sprach: „Ich darf keinen Menschen einlassen, die sieben Zwerge haben mir's verboten."

„Mir auch recht", antwortete die Bäuerin, „meine Äpfel will ich schon loswerden. Da, einen will ich dir schenken."

„Nein", sprach Sneewittchen, „ich darf nichts annehmen."

„Fürchtest du dich vor Gift?", sprach die Alte, „siehst du, da schneide ich den Apfel in zwei Teile: Den roten Backen iß du, den weißen will ich essen."

Der Apfel war aber so künstlich gemacht, dass der rote Backen allein vergiftet war. Sneewittchen lusterte den schönen Apfel an und als es sah, dass die Bäuerin davon aß, so konnte es nicht länger widerstehen, streckte die Hand hinaus und nahm die giftige Hälfte.

Kaum aber hatte es einen Bissen davon im Mund, so fiel es tot zur Erde nieder. Da betrachtete es die Königin mit grausigen Blicken und lachte überlaut und sprach: „Weiß wie Schnee, rot wie Blut, schwarz wie Ebenholz – diesmal können dich die Zwerge nicht wieder erwecken."

Und als sie daheim den Spiegel befragte: „Spieglein, Spieglein an der Wand, wer ist die Schönste im ganzen Land?", so antwortete er endlich: „Frau Königin, Ihr seid die Schönste im Land."

Da hatte ihr neidisches Herz Ruhe, so gut ein neidisches Herz Ruhe haben kann.

Die Zwerglein, wie sie abends nach Haus kamen, fanden Sneewittchen auf der Erde liegen und es ging kein Atem mehr aus seinem Mund und es war tot. Sie hoben es auf, suchten, ob sie was Giftiges fänden, schnürten es auf, kämmten ihm die Haare, wuschen es mit Wasser und Wein, aber es half alles nichts: Das liebe Kind war tot und blieb tot.

Sie legten es auf eine Bahre und setzten sich alle siebene daran und beweinten es und weinten drei Tage lang. Da wollten sie es begraben, aber es sah noch so frisch aus wie ein lebender Mensch und hatte noch seine schönen roten Backen. Sie sprachen: „Das können wir nicht in die schwarze Erde versenken", und ließen einen durchsichtigen Sarg von Glas machen, dass man es von allen Seiten sehen konnte, legten es hinein und schrieben mit goldenen Buchstaben seinen Namen darauf und dass es eine Königstochter wäre. Dann setzten sie den Sarg hinaus auf den Berg und einer von ihnen blieb immer dabei und bewachte ihn. Und die Tiere kamen auch und beweinten Sneewittchen, erst eine Eule, dann ein Rabe, zuletzt ein Täubchen.

Nun lag Sneewittchen lange, lange Zeit in dem Sarg und verweste nicht, sondern sah aus, als wenn es schliefe, denn es war noch so weiß wie Schnee, so rot wie Blut und so schwarzhaarig wie Ebenholz.

Es geschah aber, dass ein Königssohn in den Wald geriet und zu dem Zwergenhaus kam, da zu übernachten. Er sah auf dem Berg den Sarg und das schöne Sneewittchen darin und las, was mit goldenen Buchstaben darauf geschrieben war. Da sprach er zu den Zwergen: „Lasst mir den Sarg, ich will euch geben, was ihr dafür haben wollt."

Aber die Zwerge antworteten: „Wir geben ihn nicht um alles Gold in der Welt."

Da sprach er: „So schenkt mir ihn, denn ich kann nicht leben, ohne Sneewittchen zu sehen, ich will es ehren und hochachten wie mein Liebstes."

Wie er so sprach, empfanden die guten Zwerglein Mitleiden mit ihm und gaben ihm den Sarg. Der Königssohn ließ ihn nun von seinen Dienern auf den Schultern forttragen.

Da geschah es, dass sie über einen Strauch stolperten und von dem Schütteln fuhr der giftige Apfelgrütz, den Sneewittchen abgebissen hatte, aus dem Hals.

Und nicht lange, so öffnete es die Augen, hob den Deckel vom Sarg in die Höhe und richtete sich auf und war wieder lebendig.

„Ach Gott, wo bin ich?", rief es.

Der Königssohn sagte voll Freude: „Du bist bei mir", und erzählte, was sich zugetragen hatte, und sprach: „Ich habe dich lieber als alles auf der Welt. Komm mit mir in meines Vaters Schloss, du sollst meine Gemahlin werden."

Da war ihm Sneewittchen gut und ging mit ihm und ihre Hochzeit ward mit großer Pracht und Herrlichkeit angeordnet. Zu dem Fest wurde aber auch Sneewittchens gottlose Stiefmutter eingeladen. Wie sie sich nun mit schönen Kleidern angetan hatte, trat sie vor den

Spiegel und sprach: „Spieglein, Spieglein an der Wand, wer ist die Schönste im ganzen Land?"

Der Spiegel antwortete: „Frau Königin, Ihr seid die Schönste hier, aber die junge Königin ist tausendmal schöner als Ihr." Da stieß das böse Weib einen Fluch aus und ward ihr so angst, so angst, dass sie sich nicht zu lassen wusste. Sie wollte zuerst gar nicht auf die Hochzeit kommen, doch ließ es ihr keine Ruhe, sie musste fort und die junge Königin sehen.

Und wie sie hineintrat, erkannte sie Sneewittchen und vor Angst und Schrecken stand sie da und konnte sich nicht regen. Aber es waren schon eiserne Pantoffeln über Kohlenfeuer gestellt und wurden mit Zangen hereingetragen und vor sie hingestellt. Da musste sie in die rotglühenden Schuhe treten und so lange tanzen, bis sie tot zur Erde fiel.

Aschenputtel

Einem reichen Manne, dem wurde seine Frau krank und als sie fühlte, dass ihr Ende herankam, rief sie ihr einziges Töchterlein zu sich ans Bett und sprach: „Liebes Kind, bleib fromm und gut, so wird dir der liebe Gott immer beistehen und ich will vom Himmel auf dich herabblicken und will um dich sein." Darauf tat sie die Augen zu und verschied. Das Mädchen ging jeden Tag hinaus zu dem Grabe der Mutter und weinte und blieb fromm und gut.

Als der Winter kam, deckte der Schnee ein weißes Tüchlein auf das Grab und als die Sonne im Frühjahr es wieder herabgezogen hatte, nahm sich der Mann eine andere Frau.

Die Frau hatte zwei Töchter mit ins Haus gebracht, die schön und weiß von Angesicht waren, aber garstig und schwarz von Herzen. Da ging eine schlimme Zeit für das arme Stiefkind an.

„Soll die dumme Gans bei uns in der Stube sitzen?", sprachen sie. „Wer Brot essen will, muss es verdienen. Hinaus mit der Küchenmagd!"

Sie nahmen ihm seine schönen Kleider weg, zogen ihm einen grauen, alten Kittel an und gaben ihm hölzerne Schuhe. „Seht einmal die stolze Prinzessin, wie sie geputzt ist!", riefen sie, lachten und führten es in die Küche.

Da musste es vom Morgen bis zum Abend schwere Arbeit tun, früh vor Tag aufstehn, Wasser tragen, Feuer anmachen, kochen und waschen. Obendrein taten ihm die Schwestern alles ersinnliche Herzeleid an, verspotteten es und schütteten ihm die Erbsen und Linsen in die Asche, sodass es sitzen und sie wieder auslesen musste. Abends, wenn es sich müde gearbeitet hatte, kam es in kein Bett, sondern musste sich neben dem Herd in die Asche

legen. Und weil es darum immer staubig und schmutzig aussah, nannten sie es Aschenputtel.

Es trug sich zu, dass der Vater einmal in die Messe ziehen wollte, da fragte er die beiden Stieftöchter, was er ihnen mitbringen sollte.

„Schöne Kleider", sagte die eine, „Perlen und Edelsteine", die zweite.

„Aber du, Aschenputtel", sprach er, „was willst du haben?"

„Vater, das erste Reis, das Euch auf Eurem Heimweg an den Hut stößt, das brecht für mich ab."

Er kaufte nun für die beiden Stiefschwestern schöne Kleider, Perlen und Edelsteine und auf dem Rückweg, als er durch einen grünen Busch ritt, streifte ihn ein Haselreis und stieß ihm den Hut ab. Da brach er das Reis ab und nahm es mit.

Als er nach Haus kam, gab er den Stieftöchtern, was sie sich gewünscht hatten und dem Aschenputtel gab er das Reis von dem Haselbusch. Aschenputtel dankte ihm, ging zu seiner Mutter Grab und pflanzte das Reis darauf und weinte so sehr, dass die Tränen darauf niederfielen und es begossen. Es wuchs aber und ward ein schöner Baum.

Aschenputtel ging alle Tage dreimal darunter, weinte und betete und allemal kam ein weißes Vöglein auf den Baum und wenn es einen Wunsch aussprach, so warf ihm das Vöglein herab, was es sich gewünscht hatte.

Es begab sich aber, dass der König ein Fest anstellte, das drei Tage dauern sollte und wozu alle schönen Jungfrauen im Lande eingeladen wurden, damit sich sein Sohn eine Braut aussuchen möchte. Die zwei Stiefschwestern, als

sie hörten, dass sie auch dabei erscheinen sollten, waren guter Dinge, riefen Aschenputtel und sprachen: „Kämm' uns die Haare, bürste uns die Schuhe und mache uns die Schnallen fest, wir gehen zur Hochzeit auf des Königs Schloss."

Aschenputtel gehorchte, weinte aber, weil es auch gern zum Tanz mitgegangen wäre und bat die Stiefmutter, sie möchte es ihm erlauben.

„Du Aschenputtel", sprach sie, „bist voll Staub und Schmutz und willst zur Hochzeit? Du hast keine Kleider und Schuhe und willst tanzen?"

Als es aber mit Bitten anhielt, sprach sie endlich: „Da habe ich dir eine Schüssel Linsen in die Asche geschüttet, wenn du die Linsen in zwei Stunden wieder ausgelesen hast, so sollst du mitgehen." Das Mädchen ging durch die Hintertüre nach dem Garten und rief:

„Ihr zahmen Täubchen, ihr Turtel-
täubchen, all ihr Vöglein unter dem
Himmel, kommt und helft mir lesen:
Die guten ins Töpfchen,
die schlechten ins Kröpfchen. "

Da kamen zum Küchenfenster zwei
weiße Täubchen herein und danach die
Turteltäubchen und endlich schwirrten
und schwärmten alle Vöglein unter
dem Himmel herein und ließen sich um
die Asche nieder. Und die Täubchen
nickten mit den Köpfchen und fingen
an pik, pik, pik, pik und da fingen die
übrigen auch an pik, pik, pik, pik und
lasen alle guten Körnlein in die Schüs-

sel. Kaum war eine Stunde herum, so waren sie schon fertig und flogen alle wieder hinaus. Da brachte das Mädchen die Schüssel der Stiefmutter, freute sich und glaubte, es dürfte nun mit auf die Hochzeit gehen.

Aber sie sprach: „Nein, Aschenputtel, du hast keine Kleider und kannst nicht tanzen. Du wirst nur ausgelacht." Als es nun weinte, sprach sie: „Wenn du mir zwei Schüsseln voll Linsen in einer Stunde aus der Asche rein lesen kannst, so sollst du mitgehen", und dachte: „Das kann es ja nimmermehr."

Als sie die zwei Schüsseln Linsen in die Asche geschüttet hatte, ging das Mäd-

chen durch die Hintertüre nach dem Garten und rief:

„Ihr zahmen Täubchen, ihr Turtel täubchen, all ihr Vöglein unter dem Himmel, kommt und helft mir lesen: Die guten ins Töpfchen,
die schlechten ins Kröpfchen."

Da kamen zum Küchenfenster zwei weiße Täubchen herein und danach die Turteltäubchen und endlich schwirrten und schwärmten alle Vöglein unter dem Himmel herein und ließen sich um die Asche nieder. Und die Täubchen nickten mit ihren Köpfchen und fingen an pik, pik, pik, pik und da fingen die übrigen auch an pik, pik, pik, pik und lasen alle guten Körner in die Schüsseln. Und eh' eine halbe Stunde herum war, waren sie schon fertig und flogen alle wieder hinaus. Da trug das Mädchen

die Schüsseln zu der Stiefmutter, freute sich und glaubte, nun dürfte es mit auf die Hochzeit gehen.

Aber sie sprach: „Es hilft dir alles nichts. Du kommst nicht mit, denn du hast keine Kleider und kannst nicht tanzen. Wir müssten uns deiner schämen."

Darauf kehrte sie ihm den Rücken und fuhr mit ihren zwei stolzen Töchtern fort. Als nun niemand mehr daheim war, ging Aschenputtel zu seiner Mutter Grab unter dem Haselbaum und rief:

„Bäumchen, rüttel' dich
und schüttel' dich,
wirf Gold und Silber über mich."

Da warf ihm der Vogel ein golden und silbern Kleid herunter und mit Seide und Silber ausgestickte Pantoffeln. In aller Eile zog es das Kleid an und ging zur Hochzeit. Seine Schwestern aber und die Stiefmutter kannten es nicht und meinten, es müsste eine fremde Königstochter sein, so schön sah es in dem goldenen Kleide aus. An Aschenputtel dachten sie gar nicht und dachten, es säße daheim im Schmutz und suchte die Linsen aus der Asche.

Der Königssohn kam ihm entgegen, nahm es bei der Hand und tanzte mit ihm. Er wollte auch mit sonst niemand tanzen, also dass er ihm die Hand nicht

losließ und wenn ein anderer kam, es
aufzufordern, sprach er: „Das ist meine
Tänzerin."

Es tanzte, bis es Abend war, da wollte
es nach Hause gehen. Der Königssohn
aber sprach: „Ich gehe mit und beglei-
te dich", denn er wollte sehen, wem
das schöne Mädchen angehörte. Sie
entwischte ihm aber und sprang in das
Taubenhaus. Nun wartete der Königssohn, bis der Vater kam und sagte ihm,
das fremde Mädchen wär' in das Taubenhaus gesprungen.

Der Alte dachte: „Sollte es Aschenputtel sein", und sie mussten ihm Axt und
Hacken bringen, damit er das Taubenhaus entzweischlagen konnte. Aber
es war niemand darin. Und als sie ins
Haus kamen, lag Aschenputtel in seinen schmutzigen Kleidern in der Asche
und ein trübes Öllämpchen brannte im
Schornstein, denn Aschenputtel war
geschwind aus dem Taubenhaus hinten herabgesprungen und war zu dem
Haselbäumchen gelaufen. Da hatte es
die schönen Kleider abgezogen und aufs
Grab gelegt und der Vogel hatte sie wieder weggenommen und dann hatte es
sich in seinem grauen Kittelchen in der
Küche zur Asche gesetzt. Am andern
Tag, als das Fest von Neuem anhub und

die Eltern und Stiefschwestern wieder fort waren, ging Aschenputtel zu dem Haselbaum und sprach:

> *„Bäumchen, rüttel' dich*
> *und schüttel' dich,*
> *wirf Gold und Silber über mich."*

Da warf der Vogel ein noch viel stolzeres Kleid herab als am vorigen Tag. Und als es mit diesem Kleide auf der Hochzeit erschien, erstaunte jedermann über seine Schönheit.

Der Königssohn aber hatte gewartet, bis es kam, nahm es gleich bei der Hand und tanzte nur allein mit ihm. Wenn die andern kamen und es aufforderten, sprach er: „Das ist meine Tänzerin."

Als es nun Abend war, wollte es fort und der Königssohn ging ihm nach und wollte sehen, in welches Haus es ging. Aber es sprang ihm fort und in den Garten hinter dem Haus.

Darin stand ein schöner großer Baum, an dem die herrlichsten Birnen hingen, es kletterte so behänd wie ein Eichhörnchen zwischen die Äste und der Königssohn wusste nicht, wo es hingekommen war. Er wartete aber, bis der Vater kam und sprach zu ihm: „Das fremde Mädchen ist mir entwischt und ich glaube, es ist auf den Birnbaum gesprungen." Der Vater

dachte: „Sollte es Aschenputtel sein", ließ sich die Axt holen und hieb den Baum um, aber es war niemand darauf. Und als sie in die Küche kamen, lag Aschenputtel da in der Asche, wie sonst auch, denn es war auf der andern Seite vom Baum herabgesprungen, hatte dem

Vogel auf dem Haselbäumchen die schönen Kleider wieder gebracht und sein graues Kittelchen angezogen.

Am dritten Tag, als die Eltern und Schwestern fort waren, ging Aschenputtel wieder zu seiner Mutter Grab und sprach zu dem Bäumchen:

180

„Bäumchen, rüttel' dich
und schüttel' dich,
wirf Gold und Silber über mich."
Nun warf ihm der Vogel ein Kleid herab, das war so prächtig und glänzend, wie es noch keins gehabt hatte und die Pantoffeln waren ganz golden. Als es in dem Kleid zu der Hochzeit kam,

wussten sie alle nicht, was sie vor Verwunderung sagen sollten. Der Königssohn tanzte ganz allein mit ihm und wenn es einer aufforderte, sprach er: „Das ist meine Tänzerin."
Als es nun Abend war, wollte Aschenputtel fort und der Königssohn wollte es begleiten, aber es entsprang ihm so

geschwind, dass er nicht folgen konnte. Der Königssohn hatte aber eine List gebraucht und hatte die Treppe mit Pech bestreichen lassen. Da war, als es hinabsprang, der linke Pantoffel des Mädchens hängengeblieben.

Der Königssohn hob ihn auf und er war klein und zierlich und ganz golden. Am nächsten Morgen ging er damit zu dem Mann und sagte zu ihm: „Keine andere soll meine Gemahlin werden, als die, an deren Fuß dieser goldene Schuh passt." Da freuten sich die beiden Schwestern, denn sie hatten schöne Füße. Die Älteste ging mit dem Schuh in die Kammer und wollte ihn anprobieren und die Mutter stand dabei. Aber sie konnte

mit der großen Zehe nicht hineinkommen und der Schuh war ihr zu klein, da reichte ihr die Mutter ein Messer und sprach: „Hau die Zehe ab. Wenn du Königin bist, so brauchst du nicht mehr zu Fuß zu gehen."

Das Mädchen hieb die Zehe ab, zwängte den Fuß in den Schuh, verbiss den Schmerz und ging heraus zum Königssohn. Da nahm er sie als seine Braut aufs Pferd und ritt mit ihr fort. Sie mussten aber an dem Grabe vorbei, da saßen

die zwei Täubchen auf dem Haselbäumchen und riefen:

„Rucke di guck, rucke di guck,
Blut ist im Schuck (Schuh):
Der Schuck ist zu klein,
die rechte Braut sitzt noch daheim."

Da blickte er auf ihren Fuß und sah, wie das Blut herausquoll. Er wendete sein Pferd um, brachte die falsche Braut wieder nach Haus und sagte, das wäre nicht die rechte, die andere Schwester sollte den Schuh anziehen. Da ging diese in die Kammer und kam mit den Zehen glücklich in den Schuh, aber die Ferse war zu groß. Da reichte ihr die Mutter ein Messer und sprach: „Hau ein Stück von der Ferse ab. Wenn du Königin bist, brauchst du nicht mehr zu Fuß zu gehen."

Das Mädchen hieb ein Stück von der Ferse ab, zwängte den Fuß in den Schuh, verbiss den Schmerz und ging heraus zum Königssohn. Da nahm er sie als seine Braut aufs Pferd und ritt mit ihr fort. Als sie an dem Haselbäumchen vorbeikamen, da saßen die zwei Täubchen darauf und riefen:

„Rucke di guck, rucke di guck,
Blut ist im Schuck (Schuh):
Der Schuck ist zu klein,
die rechte Braut sitzt noch daheim."

Er blickte nieder auf ihren Fuß und sah, wie das Blut aus dem Schuh quoll und an den weißen Strümpfen ganz rot heraufgestiegen war. Da wendete er sein Pferd und brachte die falsche Braut wieder nach Haus.

„Das ist auch nicht die rechte", sprach er, „habt ihr keine andere Tochter?"

„Nein", sagte der Mann, „nur von meiner verstorbenen Frau ist noch ein klei-

nes, verbuttetes Aschenputtel da. Das kann unmöglich die Braut sein."

Der Königssohn sprach, er sollte es heraufschicken, die Mutter aber antwortete: „Ach nein, das ist viel zu schmutzig, das darf sich nicht sehen lassen."

Er wollte es aber durchaus haben und Aschenputtel musste gerufen werden. Da wusch es sich erst Hände und Angesicht rein, ging dann hin und neigte sich vor dem Königssohn, der ihm den goldenen Schuh reichte.

Dann setzte es sich auf einen Schemel, zog den Fuß aus dem schweren Holzschuh und steckte ihn in den Pantoffel, der war wie angegossen. Und als es sich in die Höhe richtete und der Königssohn ihm ins Gesicht sah, so erkannte er das schöne Mädchen, das mit ihm getanzt hatte und rief: „Das ist die rechte Braut!"

Die Stiefmutter und die beiden Schwestern erschraken und wurden bleich vor Ärger. Er aber nahm Aschenputtel aufs Pferd und ritt mit ihm fort. Als sie an dem Haselbäumchen vorbeikamen, riefen die zwei weißen Täubchen:

„Rucke di guck, rucke di guck,
kein Blut ist im Schuck:
Der Schuck ist nicht zu klein,
die rechte Braut, die führt er heim."

Und als sie das gerufen hatten, kamen sie beide herabgeflogen und setzten sich dem Aschenputtel auf die Schultern, eine rechts, die andere links und blieben da sitzen.

Als die Hochzeit sollte gehalten werden, kamen die falschen Schwestern, wollten sich einschmeicheln und teil an seinem Glück nehmen. Als die Brautleute nun zur Kirche gingen, war die Älteste zur rechten, die Jüngste zur linken Seite.

Da pickten die Tauben einer jeden das eine Auge aus. Hernach als sie herausgingen, war die Älteste zur linken und die Jüngste zur rechten, da pickten die Tauben einer jeden das andere Auge aus. Und waren sie also für ihre Bosheit und Falschheit mit Blindheit auf ihr Lebtag gestraft.

Rapunzel

Es war einmal ein Mann und eine Frau, die wünschten sich schon lange vergeblich ein Kind. Endlich machte sich die Frau Hoffnung, der liebe Gott werde ihren Wunsch erfüllen. Die Leute hatten in ihrem Hinterhaus ein kleines Fenster, daraus konnte man in einen prächtigen Garten sehen, der voll der schönsten Blumen und Kräuter stand. Er war aber von einer hohen Mauer umgeben und niemand wagte, hinein zu gehen, weil er einer Zauberin gehörte, die große Macht hatte und von aller Welt gefürchtet ward.

Eines Tages stand die Frau an diesem Fenster und sah in den Garten hinab. Da erblickte sie ein Beet, das mit den schönsten Rapunzeln bepflanzt war. Sie sahen so frisch und grün aus, dass sie lüstern war und das größte Verlangen empfand, von den Rapunzeln zu essen. Das Verlangen nahm jeden Tag zu, und da sie wusste, dass sie keine davon bekommen konnte, so fiel sie ganz ab, sah blass und elend aus.

Da erschrak der Mann und fragte: „Was fehlt dir, liebe Frau?"

„Ach", antwortete sie, „wenn ich keine Rapunzeln aus dem Garten hinter unserm Hause zu essen kriege, so sterbe ich."

Der Mann, der sie lieb hatte, dachte: „Eh' du deine Frau sterben lässest, holst du ihr von den Rapunzeln, es mag kosten, was es will." In der Abenddämmerung stieg er also über die Mauer in den Garten der Zauberin, stach in aller Eile eine Hand voll Rapunzeln und brachte sie seiner Frau. Sie machte sich sogleich Salat daraus und aß sie in voller Begier-

de auf. Sie hatten ihr aber so gut, so gut geschmeckt, dass sie den andern Tag noch dreimal so viel Lust bekam. Sollte sie Ruhe haben, so musste der Mann noch einmal in den Garten steigen. Er machte sich also in der Abenddämmerung wieder hinab, als er aber die Mauer herabgeklettert war, erschrak er gewaltig, denn er sah die Zauberin vor sich stehen.

„Wie kannst du es wagen", sprach sie mit zornigem Blick, „in meinen Garten zu steigen und wie ein Dieb mir

meine Rapunzeln zu stehlen? Das soll dir schlecht bekommen!"

„Ach", antwortete er, „lasst Gnade für Recht ergehen, ich habe mich nur aus Not dazu entschlossen. Meine Frau hat Eure Rapunzeln aus dem Fenster erblickt und empfindet ein so großes Gelüsten, dass sie sterben würde, wenn sie nicht davon zu essen bekäme."

Da ließ die Zauberin in ihrem Zorne nach und sprach zu ihm: „Verhält es sich so, wie du sagst, so will ich dir gestatten, Rapunzeln mitzunehmen, so viel du willst, allein ich mache eine Bedingung: Du musst mir das Kind geben, das deine Frau zur Welt bringen wird. Es soll ihm gut gehen und ich will für es sorgen wie eine Mutter."

Der Mann sagte in der Angst alles zu und als seine Frau in Wochen kam, so erschien sogleich die Zauberin, gab dem Kinde den Namen Rapunzel und nahm es mit sich fort.

Rapunzel ward das schönste Kind unter der Sonne. Als es zwölf Jahre alt war, schloss es die Zauberin in einen Turm, der in einem Walde lag und weder Treppe noch Türe hatte, nur ganz oben war ein kleines Fensterchen. Wenn die Zauberin hinein wollte, so stellte sie sich unten hin und rief:

„Rapunzel, Rapunzel,
lass mir dein Haar herunter."

Rapunzel hatte lange, prächtige Haare, fein wie gesponnen Gold. Wenn sie nun die Stimme der Zauberin vernahm, so band sie ihre Zöpfe los, wickelte sie oben um einen Fensterhaken und dann fielen die Haare zwanzig Ellen tief herunter und die Zauberin stieg daran hinauf.

Nach ein paar Jahren trug es sich zu, dass der Sohn des Königs durch den Wald ritt und an dem Turm vorüber kam. Da hörte er einen Gesang, der war so lieblich, dass er still hielt und horchte. Das war Rapunzel, die in ihrer Einsamkeit sich die Zeit damit vertrieb, ihre süße Stimme erschallen zu lassen. Der Königssohn wollte zu ihr hinaufsteigen und suchte nach einer Türe des Turms, aber es war keine zu finden.

Er ritt heim, doch der Gesang hatte ihm so sehr das Herz gerührt, dass er jeden Tag hinaus in den Wald ging und zuhörte. Als er einmal so hinter einem Baum stand, sah er, dass eine Zauberin herankam und hörte, wie sie hinaufrief:

„Rapunzel, Rapunzel,
lass mir dein Haar herunter."

Da ließ Rapunzel die Haarflechten herab und die Zauberin stieg zu ihr hinauf.

„Ist das die Leiter, auf welcher man hinaufkommt, so will ich auch einmal mein Glück versuchen." Und den folgenden Tag, als es anfing dunkel zu werden, ging er zu dem Turme und rief:

„Rapunzel, Rapunzel,
lass mir dein Haar herunter."

Alsbald fielen die Haare herab und der Königssohn stieg hinauf. Anfangs erschrak Rapunzel gewaltig, als ein Mann zu ihr hereinkam, wie ihre Augen noch nie einen erblickt hatten, doch der Königssohn fing an, ganz freundlich mit ihr zu reden und erzählte ihr, dass von ihrem Gesang sein Herz so sehr sei bewegt worden, dass es ihm keine Ruhe gelassen und er sie selbst habe sehen müssen. Da verlor Rapunzel ihre Angst und als er sie fragte, ob sie ihn zum Manne neh-

men wollte und sie sah, dass er jung und schön war, so dachte sie: „Der wird mich lieber haben als die alte Frau Gothel", und sagte Ja und legte ihre Hand in seine Hand.

Sie sprach: „Ich will gerne mit dir gehen, aber ich weiß nicht, wie ich herabkommen kann. Wenn du kommst, so bring jedesmal einen Strang Seide mit, daraus will ich eine Leiter flechten und wenn die fertig ist, so steige ich herunter und du nimmst mich auf dein Pferd."

Sie verabredeten, dass er bis dahin alle Abende zu ihr kommen sollte, denn bei Tage kam die Alte.

Die Zauberin merkte auch nichts davon, bis einmal Rapunzel anfing und zu ihr sagte: „Sag' Sie mir doch, Frau Gothel, wie kommt es nur, Sie wird mir viel schwerer heraufzuziehen als der junge Königssohn. Der ist in einem Augenblick bei mir."

„Ach, du gottloses Kind," rief die Zauberin, „was muss ich von dir hören? Ich dachte, ich hätte dich von aller Welt

geschieden und du hast mich doch betrogen!"

In ihrem Zorne packte sie die schönen Haare der Rapunzel, schlug sie ein paarmal um ihre rechte Hand, griff eine Schere mit der linken und ritsch, ratsch, waren sie abgeschnitten und die schönen Flechten lagen auf der Erde.

Und sie war so unbarmherzig, dass sie die arme Rapunzel in eine Wüstenei brachte, wo sie in großem Jammer und Elend leben musste.

Denselben Tag aber, wo sie Rapunzel verstoßen hatte, machte abends die Zauberin die abgeschnittenen Flechten oben am Fensterhaken fest und als der Königssohn kam und rief:

„Rapunzel, Rapunzel,
lass mir dein Haar herunter",
so ließ sie die Haare hinab.

Der Königssohn stieg hinauf, aber er fand oben nicht seine liebste Rapunzel, sondern die Zauberin, die ihn mit bösen und giftigen Blicken ansah.

„Aha", rief sie höhnisch, „du willst die Frau Liebste holen, aber der schöne Vogel sitzt nicht mehr im Nest und singt nicht mehr, die Katze hat ihn geholt und wird dir auch noch die Augen auskratzen. Für dich ist Rapunzel verloren, du wirst sie nie wieder erblicken."

Der Königssohn geriet außer sich vor Schmerz und in der Verzweiflung sprang er den Turm herab.

Das Leben brachte er davon, aber die Dornen, in die er fiel, zerstachen ihm die Augen. Da irrte er blind im Walde umher, aß nichts als Wurzeln und Beeren und tat nichts als jammern und weinen über den Verlust seiner liebsten Frau.

So wanderte er einige Jahre im Elend umher und geriet endlich in die Wüstenei, wo Rapunzel mit den Zwillingen, die sie geboren hatte, einem Knaben und einem Mädchen, kümmerlich lebte. Er vernahm eine Stimme und sie deuchte ihn so bekannt. Da ging er darauf zu und wie er herankam, erkannte ihn Rapunzel und fiel ihm um den Hals und weinte.

Zwei von ihren Tränen aber benetzten seine Augen, da wurden sie wieder klar und er konnte damit sehen wie sonst. Er führte sie in sein Reich, wo er mit Freude empfangen ward und sie lebten noch lange glücklich und vergnügt.

194

Die sieben Raben

Ein Mann hatte sieben Söhne und immer noch kein Töchterchen, so sehr er sich's auch wünschte. Endlich gab ihm seine Frau wieder gute Hoffnung zu einem Kinde und wie's zur Welt kam, war's auch ein Mädchen. Die Freude war groß, aber das Kind war schmäch-tig und klein und sollte wegen seiner Schwachheit die Nottaufe haben. Der Vater schickte einen der Knaben eilends zur Quelle, Taufwasser zu holen. Die andern sechs liefen mit und weil jeder der erste beim Schöpfen sein wollte, fiel ihnen der Krug in den Brunnen.

Da standen sie und wussten nicht, was sie tun sollten und keiner getraute sich heim. Als sie immer nicht zurückkamen, ward der Vater ungeduldig und sprach: „Gewiss haben sie's wieder über ein Spiel vergessen, die gottlosen Jungen." Es ward ihm angst, das Mädchen müsste ungetauft verscheiden und im Ärger rief er: „Ich wollte, dass die Jungen alle zu Raben würden."

Kaum war das Wort ausgeredet, so hörte er ein Geschwirr über seinem Haupte in der Luft, blickte in die Höhe und sah sieben kohlschwarze Raben auf- und davonfliegen. Die Eltern konnten die

Verwünschung nicht mehr zurücknehmen und so traurig sie über den Verlust ihrer sieben Söhne waren, trösteten sie sich doch einigermaßen durch ihr liebes Töchterchen, das bald zu Kräften kam und mit jedem Tag schöner ward. Es wusste lange Zeit nicht einmal, dass es Geschwister gehabt hatte, denn die Eltern hüteten sich, ihrer zu erwähnen, bis es eines Tages von ungefähr die Leute von sich sprechen hörte: Das Mädchen wäre wohl schön, aber doch eigentlich schuld an dem Unglück seiner sieben Brüder.

Da ward es ganz betrübt, ging zu Vater und Mutter und fragte, ob es denn Brüder gehabt hätte und wo sie hingeraten wären. Nun durften die Eltern das Geheimnis nicht länger verschweigen, sagten jedoch, es sei so des Himmels Verhängnis und seine Geburt nur der unschuldige Anlass gewesen.

Allein das Mädchen machte sich täglich ein Gewissen daraus und glaubte, es müsste seine Geschwister wieder erlösen.

Es hatte nicht Ruhe und Rast, bis es sich heimlich aufmachte und in die weite Welt ging, seine Brüder irgendwo aufzuspüren und zu befreien, es möchte kosten, was es wolle.

Es nahm nichts mit sich als ein Ringlein von seinen Eltern zum Andenken,
einen Laib Brot für den Hunger, ein
Krüglein Wasser für den Durst und ein
Stühlchen für die Müdigkeit. Nun ging
es immer zu, weit, weit, bis an der Welt
Ende. Da kam es zur Sonne, aber die
war zu heiß und fürchterlich und fraß
die kleinen Kinder. Eilig lief es weg und
lief hin zu dem Mond, aber der war gar
zu kalt und auch grausig und bös und
als er das Kind merkte, sprach er: „Ich
rieche, rieche Menschenfleisch."

Da machte es sich geschwind fort und
kam zu den Sternen, die waren ihm
freundlich und gut und jeder saß auf
seinem besonderen Stühlchen.

Der Morgenstern aber stand auf, gab
ihm ein Hinkelbeinchen und sprach:
„Wenn du das Beinchen nicht hast,
kannst du den Glasberg nicht aufschlie-
ßen und in dem Glasberg, da sind deine
Brüder."

Das Mädchen nahm das Beinchen,
wickelte es wohl in ein Tüchlein und

ging wieder fort, so lange, bis es an den Glasberg kam.

Das Tor war verschlossen und es wollte das Beinchen hervorholen, aber wie es das Tüchlein aufmachte, so war es leer und es hatte das Geschenk der guten Sterne verloren. Was sollte es nun anfangen? Seine Brüder wollte es erretten und hatte keinen Schlüssel zum Glasberg. Das gute Schwesterchen nahm ein Messer, schnitt sich ein kleines Fingerchen ab, steckte es in das Tor und schloss glücklich auf.

Als es eingegangen war, kam ihm ein Zwerglein entgegen, das sprach: „Mein Kind, was suchst du?"

„Ich suche meine Brüder, die sieben Raben", antwortete es.

Der Zwerg sprach: „Die Herren Raben sind nicht zu Haus, aber willst du hier so lang warten, bis sie kommen, so tritt ein."

Darauf trug das Zwerglein die Speise der Raben herein auf sieben Tellerchen und in sieben Becherchen und von je-

dem Teller aß das Schwesterchen ein Bröckchen und aus jedem Becherchen trank es ein Schlückchen. In das letzte Becherchen aber ließ es das Ringlein fallen, das es mitgenommen hatte.

Auf einmal hörte es in der Luft ein Geschwirr und ein Geweh, da sprach das Zwerglein: „Jetzt kommen die Herren Raben heimgeflogen."

Da kamen sie, wollten essen und trinken und suchten ihre Tellerchen und Becherchen. Da sprach einer nach dem anderen: „Wer hat von meinem Tellerchen gegessen? Wer hat von meinem Becherchen getrunken? Das ist eines Menschen Mund gewesen." Und wie der siebente auf den Grund des Bechers kam, rollte ihm das Ringlein entgegen.

Da sah er es an und erkannte, dass es ein Ring von Vater und Mutter war und sprach: „Gott gebe, unser Schwesterlein wäre da, so wären wir erlöst."

Wie das Mädchen, das hinter der Türe stand und lauschte, den Wunsch hörte, so trat es hervor und da bekamen alle die Raben ihre menschliche Gestalt wieder. Und sie herzten und küssten einander und zogen fröhlich heim.